はじめて超カンタンおしゃべり中国語

南雲 大悟

駿河台出版社

＊付属の CD-ROM についての注意事項

・収録されているファイルは、MP3 形式となっております。パソコンで再生するか（iTunes、Windows Media Player などの音楽再生ソフト）あるいは MP3 プレーヤーに取り込んで聞いてください。（CD プレーヤー及び DVD プレーヤーでは再生できません。無理に再生しようとすると、プレーヤーを破損する恐れもありますので、十分ご注意ください。）パソコンやソフトウェアの使用方法はそれぞれのマニュアルをご覧ください。

まえがき

　外国の方から思いがけず日本語で「ハジメマシテ」、「アリガトウ」などと声を掛けられると、私は自然と顔がほころんでしまいます。たとえ簡単なあいさつ一つにしても、聞き手の母国語で接してくれるという小さな心遣いは一瞬にして相手の心をわしづかみにするのではないでしょうか。

　私が初めて「外国人」として中国を訪れた際、店先などで中国語を少し話しただけでも、現地の方の（おぉ！）という驚きが伝わり、すぐさま私は興味を持たれあれこれ質問攻めにあうほどでした。このときの「（自分の中国語が）通じているぞ」という成功体験や達成感が現在に至るまで、私の中国語学習の原動力になっていると言っても過言ではありません。

　みなさんにも中国語でのおしゃべりを通して、このような達成感が味わえる新たな世界へと一歩踏み出していただこうと思います。

　本書は中国語発音の基礎から学び始めて、次にあいさつ表現・決まり文句、おしゃべりのための基本文型、そして、最後にシチュエーション別会話などをシンプルに、わかりやすくまとめた「おしゃべりの基本」を学ぶためのトレーニングを軸に執筆しました。

おしゃべりのための"超"カンタンポイント！

☆「おしゃべり」のための文法セレクト

　初めて中国語を学ぶ人でも効率よく、負担にならぬような学習範囲＆文法項目を厳選しました。また、トレーニングの難易度も段階を追って、より深い「おしゃべりスキル」がマスターできるよう工夫しています。

☆「おしゃべり力」育成レイアウト

　例文の多くを「質問→回答」の対話セットで提示していますので、そのまま覚えれば「質問する側」・「答える側」双方の立場でおしゃべりの基本が学べます。

　また、おしゃべりの臨場感を「吹き出し」によって視覚化することで、受け答えや会話の流れがイメージしやすいデザインに仕上げています。

　中国語を楽しみながら学び、中国語で多くの方々とおしゃべりしていただければ、みなさんはもう日中交流の礎を支える「おしゃべり親善大使」の仲間入りです。歴史的・経済的に結びつきの強い中国語圏各国・各地域との交流は今後も不可欠ですので、ぜひ"俺がやる！"というくらいの意気込みで楽しく、元気よく学習に取り組んでいただければ幸いです。

　最後に、本書の企画・出版の全面にわたってサポートいただきました駿河台出版社の浅見忠仁氏に、この場をお借りして深謝申し上げます。

　　　　　　　　　　　　　　　　　　　　　　　　　　　　　　　　　著　者

本書の使い方

中国語会話を学びたい方が無理なく会話のポイントを学べるようさまざまな工夫を凝らしました。会話に必要な要素をバランスよく学習しながら、常に相手をイメージして会話のシミュレーションをしましょう！

発音

中国語発音の基本的な解説です。練習問題では、口を大きくあけて練習しましょう！

超 超本単語でおしゃべり

超基本的な単語を中心に、会話を意識した構成にしています。
音声は日本語→中国語の順に収録しています。

超 基本文型

一組の基本的な会話を中心に、会話の基礎を学びます。
音声は日本語→中国語の順に収録しています。（超基本おしゃべり表現も同じです。）

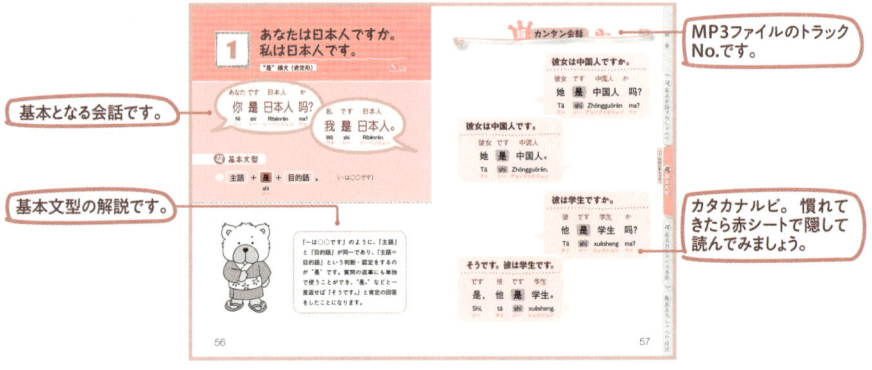

超 基本おしゃべり表現

超基本文型で学んだことを使って、もっとおしゃべりしてみましょう！

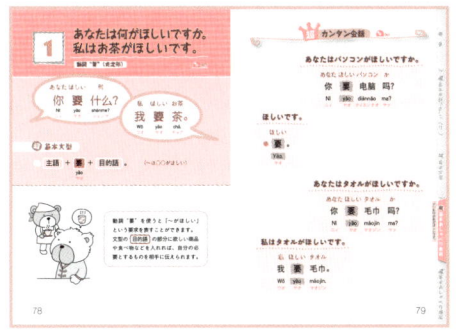

超カンタン おしゃべり ワイド

質問とその答えを少しずつふくらまして、より複雑な会話を覚えましょう。
音声は日本語→中国語→中国語のみの順で収録しています。

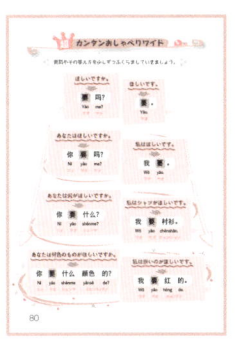

超カンタン きいて！ こたえて！

質問と答えの色々な組み合わせを練習しましょう！会話の瞬発力がつきますよ！
音声は日本語→中国語の順に収録しています。

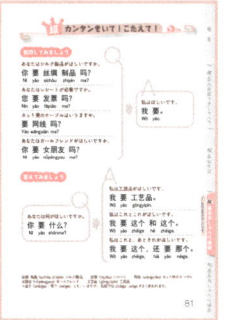

超 基本おしゃべり場面

　中国旅行で出会いそうな色々な場面を想定した会話集です！中国に行ったつもりになって会話をシミュレーションしてみましょう！
　音声は中国語のみの収録です。

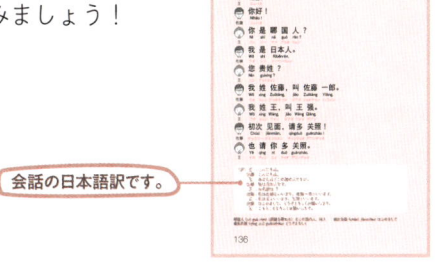

会話の日本語訳です。

5

もくじ

本書の使い方　　　　　　　　　　　　　　　　　　　　　　4

発音
中国語でおしゃべりするために　　　　　　　　　　　　　10
発音の特徴　　　　　　　　　　　　　　　　　　　　　　15

日本人の苦手な発音　　　　　　　　　　　　　　　　　28

超 基本単語でおしゃべり
1　私・あなた・彼・彼女　－人称代名詞－　　　　　　　30
2　親族呼称　　　　　　　　　　　　　　　　　　　　31
3　「数字」でおしゃべり　　　　　　　　　　　　　　32
4　「時間詞」でおしゃべり　　　　　　　　　　　　　34
5　「場所詞」でおしゃべり　　　　　　　　　　　　　37
6　「あいさつ」でおしゃべり　　　　　　　　　　　　39
7　「名前」でおしゃべり　　　　　　　　　　　　　　41
8　「年齢」でおしゃべり　　　　　　　　　　　　　　42
9　「日付」でおしゃべり　　　　　　　　　　　　　　43
10　「曜日」でおしゃべり　　　　　　　　　　　　　　44
11　「時刻」でおしゃべり　　　　　　　　　　　　　　45
12　「価格」でおしゃべり　　　　　　　　　　　　　　47
13　「番号」でおしゃべり　　　　　　　　　　　　　　48
14　「個数・数量」でおしゃべり　－量詞－　　　　　　49
15　所有や所属を表す「～の…」でおしゃべり　－構造助詞－　　52
16　カンタンな「吗」でおしゃべり　－疑問の文末助詞－　　54

6

超 基本文型

1. あなたは日本人ですか。/ 私は日本人です。"是"構文(肯定形)　　56
2. あなたは留学生ですか。/ 私は留学生ではありません。"是"構文(否定形)　　58
3. あなたは食事をしますか。/ 私は食事します。動詞述語文(肯定形)　　60
4. あなたはテレビを見ますか。/ 私はテレビを見ません。動詞述語文(否定形)　　62
5. 北京ダックはおいしいですか。/ 北京ダックはおいしいです。形容詞述語文(肯定形)　　64
6. あなたは疲れていますか。/ 私は疲れていません。形容詞述語文(否定形)　　66
7. あなたは何を食べますか。/ 私はチャーハンを食べます。なに・誰・どこ(疑問詞)　　68
8. あなたはいくつ食べますか。/ 私は2個食べます。いくつ(疑問詞)　　70
9. あなたは今日行きますか。/ 私は今日行きます。時点+述語　　72
10. あなたも見ますか。/ 私も見ます。副詞"也・都"　　74

中国語でおしゃべりを楽しむコツ　　76

超 基本おしゃべり表現

1. あなたは何がほしいですか。/ 私はお茶がほしいです。動詞"要"(肯定形)　　78
2. あなたはこれがほしいですか。/ 私はこれはいりません。動詞"要"(否定形)　　82
3. あなたはペンを持っていますか。/ 私はペンを持っています。所有の表現(肯定形)　　86
4. あなたは辞書を持っていますか。/ 私は辞書を持っていません。所有の表現(否定形)　　90
5. あなたは何を買いたいですか。/ 私は景泰藍(銅製の七宝焼き)を買いたいです。願望の助動詞"想"(肯定形)　　94
6. あなたはテレビを見たいですか。/ 私はテレビを見たくありません。願望の助動詞"想"(否定形)　　98
7. 彼はどこにいますか。/ 彼は天壇にいます。所在の表現(肯定形)　　102
8. 彼は家にいますか。/ 彼は家にいません。所在の表現(否定形)　　106
9. あなたはインターネットをするのが好きですか。/ 私はインターネットをするのが好きです。動詞"喜欢"(肯定形)　　110
10. あなたはパクチーが好きですか。/ 私はパクチーが好きではありません。動詞"喜欢"(否定形)　　114
11. 彼は来ましたか。/ 彼は来ました。(完了・実現・変化)　　118
12. あなたは買いましたか。/ 私は買っていません。(実現・完了の否定)　　122

| 13 | 私に地図をください。/ あげます。 動詞"给" | 126 |
| 14 | 私はジャージャー麺を食べてもいいですか。/ いいですよ。 許可の表現 | 130 |

「おしゃべり」前のギャップ基礎知識　134

超 基本おしゃべり場面

1	初対面で	136
2	紹介する	137
3	家族	138
4	タクシーに乗る	139
5	バスに乗る	140
6	ホテルで	141
7	両替する	142
8	レストランで①	143
9	レストランで②	144
10	レストランで③	145
11	ショッピング①（スーパー・デパートで）	146
12	ショッピング②（個人商店で）	147
13	ショッピング③（値切る）	148
14	電話する	149
15	道を尋ねる	150
16	体調が悪い	151
17	打ち合わせの時刻	152
18	観光地で	153
19	プチ交流①（中国語学習）	154
20	プチ交流②（お誘い）	155

単語帳　156

発音

発音がちゃんとしていないと、相手に通じませんね。口を大きくあけてしっかり声を出して練習しましょう！

中国語でおしゃべりするために

1 ▎まずは正しい発音を身につけましょう

　「中国語」は表記に漢字を使用するため、日本人でも抵抗なく学び始められることばの1つだと思います。あとは単語や文法のルールを覚えれば問題ないのですが、それだけでは「筆談」でのおしゃべりにとどまってしまいかねません。本書が目指すのはみなさんが中国や台湾の方々とカンタンなおしゃべりを通して、不自由なくコミュニケーションを取ることにあります。そのためにまずおさえるべきなのが「発音」です。

　一口に「中国語」と言いましても、様々な地域で方言やなまりが存在しており、異なる地域の中国人がそれぞれお互いの「お国ことば」で会話をしたら意味が通じないというのもざらにあります。

　本書で学ぶ中国語は中国の共通語（"普通话（プゥトォンホア）"（普通話））です。この共通語は中国のテレビやラジオなどのメディアや公的な場所で使用されるものであり、その発音をマスターすれば中国のどこに行っても大丈夫でしょう。

　では、早速ですが、ここで日本人にとって難しい中国語発音の主な特徴をいくつかチェックしておきましょう。

Point 1 　声調！

　中国語には音の高低を示す声の調子（声調）が4種類あります。この4つの調子をしっかりと使い分け、聞き取ることが日本人にとってはなかなか難しいものです。まずはわざとらしいくらいで結構ですので、メリハリをつけて高低をつけてみましょう。

Point 2 　母音と子音の数がけた違い！

　日本語は母音が「あ・い・う・え・お」の5つで、子音は「あ・か・さ・た・な・は・ま・や・ら・わ」となり、その組み合わせは合計で51音あります。しかし、中国語は母音が36個、子音が21個もあり、その組み合わせだけでも405音にのぼります。この違いを使い分けるためには発音の仕方を1つ1つ正確に身につける必要があります。

Point 3　口をフル稼働！

　　中国語は日本語に比べて口の動きを大きくする発音が多くあります。舌や唇を大きく動かしたり、息をタイミングよく吐き出したり、口の奥のほうから発音したり…と慣れないと大変です。中国語の発音を練習したあとは口の周りの筋肉を使いすぎて疲れてしまう方もいるほどです。

　これらの特徴を意識しながら、ぜひ正しく、美しい発音を身につけてください。
　中国語はその音の美しさから、よく「音楽のようである」とも言われます。私たちも音楽のような発音ができることを目指しましょう。
　それでは、その音楽を奏でる際に必要である「音符」をご紹介したいと思います。中国語のローマ字式の発音表記「ピンイン」というものです。

2 ｜ 中国語の発音表記　— 拼音（ピンイン）—

　中国の未就学児や地方出身の人が標準的な中国語の発音を身につけようとする場合、主にローマ字で中国語の発音を記した「**拼音（ピンイン）**」の正確な理解を求められます。「ピンイン」は発音の読み方を「**ローマ字**」と「**声調記号**」で表します。

（漢字）　**先生**
　　　　老师　←［声調記号］
　　　　lǎoshī　←［ピンイン］
　　　　ラオシー

　この「ピンイン」は、日本人にとっての「よみがな」に相当するものです。ですから、私たちは中国語を学び始める際、あまたある中国の漢字とその読み方をがむしゃらに覚えるのではなく、まずはこの中国人にとっての「よみがな」である「ピンイン」をマスターすることが最も効率よく、そして正確な発音を学ぶことの近道と考えられます。「ピンイン」を覚えれば発音矯正だけでなく、辞書を引くのにも、中国語ワープロを打つのにも大いに役立ちます。
　いわゆる「ローマ字読み」でも似たような発音は存在するのですが、ローマ字

に置き換えた日本語や英語の読みとは明らかに違う発音も多く存在します（例えば、「ian」は「イアン」ではなく、「イエン」など）。ですから、中国語の実際の発音を聞きながら、ピンインを目で追い、しっかりと口の動きを意識して発音する、また聞き取る練習を欠かさないでください。ぜひ「ピンイン」と実際の中国語の発音が結びつくように丁寧に学んでいきましょう。

　本書では日本人の発音学習補助としてカタカナ表記も添えました。これらは理解の参考程度にして、慣れるまでの「ヒント」にしてください。

　※なお、本書のカタカナ表記は「中国語音節表記ガイドライン［平凡社版］」を参考にしております。

　http://cn.heibonsha.co.jp/

3 ｜ 中国の漢字…「簡体字（かんたいじ）」

　中国では識字率の向上を目指し、1950年代に簡略化した漢字が導入され、現在まで広く普及しています。私たちは先に挙げたピンインで発音の理解を深めると同時に、この中国特有の「漢字」も読み書きできるようにならねばなりません。この漢字を"**简体字（ジェンティヅー）**"（簡体字）といいます。日本の漢字と同じ字体で意味も同じならば、そう問題はないと思いますが、異なる字体に変化しているもの、同じ字体で意味が違うもの…などなど、思わぬところに落とし穴がありますのでご注意ください。

日本の漢字と字体が異なるもの…

（日本漢字）		（簡体字）		（日本漢字）		（簡体字）
電	⇒	电		車	⇒	车
陽	⇒	阳		節	⇒	节

字体は同じで意味が違うもの…

① （日本漢字）		（簡体字）		② （日本漢字）		（簡体字）
老婆	⇒	老婆		大家	⇒	大家
（老婆）		（妻・奥さん）		（大家さん）		（みなさん）

"简体字"は中国大陸を中心に、シンガポール・マレーシアの華人社会で使用されており、ここ数年は台湾でも使用されることが増えてきました。一方、伝統的な旧字体である"繁体字（ファンティヅー）"（繁体字）は中国大陸南部、香港や台湾などの地域で、現在も使用されています。

　日本と中国で同じような漢字を使った名前は何の問題もなく理解できます。

　例）　　中川　美佳　　　（中川　美佳）
　　　　　森田　良介　　　（森田　良介）
　　　※いずれも（　　）内が簡体字での表記

　ただ、名前を簡体字に変換するとだいぶ字体が変わる場合もあります。以下も架空の人名ですが、「簡体字の使用で大きく字体が異なる」場合の名前を考えてみました。何という名前かわかるでしょうか。

　例）　　仓泽　庆贵　　　丰冈　优树
　　　　（倉沢　慶貴）　（豊岡　優樹）
　　　　　くらさわ　よしたか　　とよおか　ゆうき

　まずは本書に出てくる簡体字をしっかりと覚え、読み書きすることからスタートしてみましょう。

4 ▎発音を聞いたら意味を取捨選択 ― 1つの発音でも色々な漢字が当てはまります

　日本でも音読みで「カン」という文字を探すと、「感・間・看」というように沢山の漢字が頭に思い浮かびます。また、熟語となって「カンキ」といえば、「歓喜・寒気・喚起」などが該当し、それを文意や場面に応じて、私たちは書き分け、使い分けします。中国語も同様で、1つの発音に対して色々な文字が当てはまる場合がほとんどです。

例) shé { **蛇 舌**　　 jiā { **家　加**
　　　　　へび　舌　　　　　　家　加える

　　chóng { **重　虫**　　 hé { **和　合**
　　　　　重ねる　虫　　　　　～と　合う

　会話をする際には、相手が発音した「文字」がどのように組み合わされ、「単語」になるのかを常に判別する必要があります。まずは本書の単語や文で耳を慣らして、その聴解力と判別力の基礎を養っていきましょう。

　では、いよいよ中国語の発音を学んでいきます。発音と表記方法をそれぞれマスターしていきましょう。

発音の特徴

声調（せいちょう）  001

　中国語の発音における大きな特徴の1つに音の高低を示す声の調子（声調）があります。それらは主に4種類（四声）からなり、発声する際にしっかりと区別する、また聞き分ける必要があります。最初のうちは日本人にとってなかなか難しい差だと思いますが、自身の持つ音域をさらに拡げておおげさに、丁寧に声を出して慣れていきましょう。

　まずは日本語の「い」をもっと口を引いて発音する中国語「i（yi）」の発音を例に声調を確認してみましょう。

　「i（yi）」の発音イメージは・・・口を横にしっかり引いたまま「イィ」！

【この発音の漢字】

第一声　　yī　　一　　衣　　医

　高く平らにのびやかに。日本語で話すときの音域をより高く設定して発音しましょう。

　言うなれば・・・時報がピッ、ピッ…「ポーン」と高いトーンで鳴る感じ。

【この発音の漢字】

第二声　　yí　　疑　　移　　遺

　日本人が発音するのに苦労する声調です。発音のスタート地点から瞬時に急上昇させます。上げた最後の後半部分を強めると「最後まで上りきった」という感じに近くなります。

　言うなれば・・・驚いて、急激に反応し…「えぇっ」!?の最後をもっと力強くふりしぼる感じで。

15

【この発音の漢字】

第三声　　yǐ　　　以　　椅　　乙

　低く抑えます。イメージとしては「"逆"第一声」！最後まで上昇しないよう、こらえましょう。

　言うなれば・・・相当がっかりして、低〜いため息をつく…「あ〜〜あ」という落胆した感じでこらえる。

【この発音の漢字】

第四声　　yì　　　意　　易　　益

　音域の最高点から瞬時に急降下させるイメージで。

　言うなれば・・・強い音で始まるカラスの鳴き声「カァ」の感じで。

※**軽声**（けいせい）…　それ自体は声調がなく、前の音によって高さが決まります。音自体も少し短く発音します。声調記号をつける必要はありません。

　　　　yīyi　　yíyi　　yǐyi　　yìyi

　次に、日本語の「あいうえお」に相当する 母音① 、「あかさたな…」に相当する 子音 、そして、母音の組み合わせ型である 母音② の順番に説明し、最後にこれらの表記規則についてまとめます。

母音①（ぼいん）単母音　002

a	o	e	i (yi)	u (wu)	ü (yu)	er
アァ	オォ	ウァ	イィ	ウゥ	ユィ	アル

※（　）内は子音がつかない場合の表記

　日本語の発音に比べて、口を大きく、おおげさに動かして発音しましょう。

16

大口の大きさ 小 ← 大		日本語の「ア」より上下に大きく開けてしっかり「アァ」と発音します。
		大きい口の「a」の発音から口を少し丸めて、「オォ」と発音します。
		日本語の「エ」の口をリラックスさせ、ノドの奥から「ウとオ」の中間のような音を出します。
	 (yi)	日本語の「イ」の発音を口をしっかり引いて出します。
	 (wu)	日本語の「ウ」より口を丸くすぼめて突き出し、「ウゥ」と発音します。
	 (yu)	口先を前に突き出したまま、日本語の「イ」と発音します。
	er	「e」の発音をしながら、舌をひょいと上にそらせます。

★ 言ってみよう 003

（聞き返して）えっ？	（いぶかしげに）おやっ？	おばさん
啊？ Á? ァァ	**咦？** Yí? イィ	**阿姨** Āyí ァァイィ

17

武芸
武艺
wǔyì
ウゥイィ

ロシア語
俄语
Éyǔ
ァユィ

バスローブ・部屋着
浴衣
yùyī
ユィイィ

子音（しいん） 004

発音練習では便宜上、（ ）内の母音を補って行います。

	無気音	有気音		
唇音（しんおん）	b(o) ポォ	p(o) ポォ	m(o) モォ	f(o) フォ
舌尖音（ぜっせんおん）	d(e) ドァ	t(e) トァ	n(e) ヌァ	l(e) ルァ
舌根音（ぜっこんおん）	g(e) グァ	k(e) クァ	h(e) ホァ	
舌面音（ぜつめんおん）	j(i) ジィ	q(i) チィ	x(i) シィ	
そり舌音（そりじたおん）	zh(i) ヂー	ch(i) チー	sh(i) シー	r(i) リー
舌歯音（ぜっしおん）	z(i) ヅー	c(i) ツー	s(i) スー	

★「無気音＆有気音」の区別　　005
　無気音 …発音するときに息をできるだけおさえます。
　有気音 …発音するときに息を強く発します。

無気音
bō
ポォ
濁らず、のどを緊張させて

有気音
pō
ポォ
息をしっかりと

あくまで
濁音と半濁音の違いではなく、息の
タイミング・強さで区別しましょう

それぞれのグループ別に…

唇　　音：まず唇を閉じてから発音するグループ。fは上の歯で下唇を噛んでスタート。

舌 尖 音：舌先を上の歯の裏につけてから発音するグループ。

舌 根 音：舌の奥（根元）の部分を盛り上げる感じで発音するグループ。

舌 面 音：舌の中よりの部分を上あごにつくようにして発音するグループ。舌先は下の歯の裏にあてて発音をスタート。

そり舌音：舌先をそり上げてから発音するグループ。

舌 歯 音：舌先を上の歯の裏につけ、上下前歯の間から息を送り出し発音するグループ。口は横に引いて発音スタート。

[練習]

唇　音　006

滝
瀑布
pùbù
プゥブゥ

強制する
逼迫
bīpò
ピィポォ

両親
父母
fùmǔ
フゥムゥ

舌 尖 音　007

独特
独特
dútè
ドゥトァ

キングサイズ
特大
tèdà
トァダァ

努力する
努力
nǔlì
ヌゥリィ

19

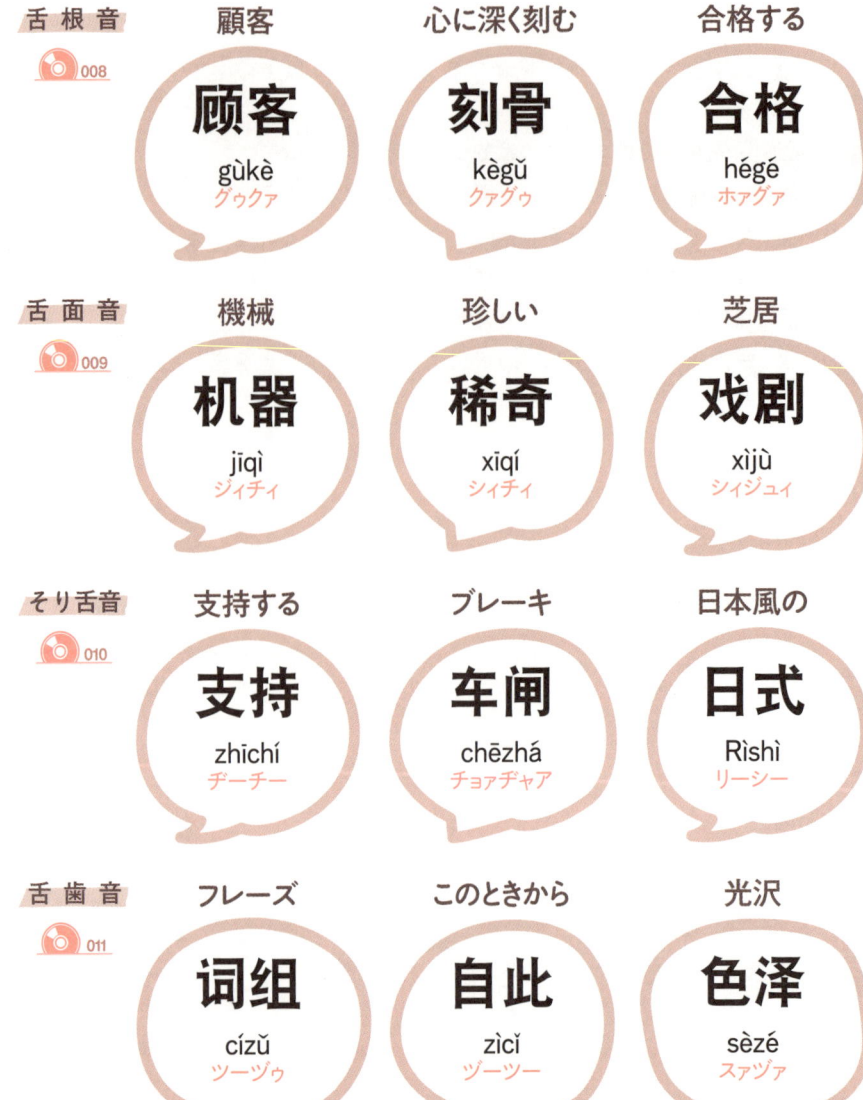

3つの「i」 ピンイン表記上、同じ「i」であっても、子音との組み合わせで発音の仕方が変わります。

①基本の「i」：母音で出た「口を横にしっかり引いて」発音するi。
②そり舌音＋「i」：「舌をひょいと上げる」子音の影響で、こもった音になります。
③舌歯音＋「i」：口は横に引いていますが、子音の影響で日本語の「ウー」の音に近くなります。

比較しよう： 012

疑念を抱く	礼儀を欠く	進行係
析疑	**失仪**	**司仪**
xīyí	shīyí	sīyí
シィイィ	シーイィ	スーイィ

母音② 複母音 013

複数の母音を切り離さず、なめらかに発音しましょう。同じアルファベットでも単母音のときと異なる発音のaやeもあるので注意してください。

大きく口を開ける母音と狭い母音の組み合わせで以下のようなグループにまとめられます。

①前を大きく・後ろが小さい二重母音

ai	ei	ao	ou
アイ	エイ	アオ	オウ

② 前が小さく・後ろが大きい二重母音

ia (ya)	ie (ye)	ua (wa)	uo (wo)	üe (yue)
ヤァ	イエ	ワァ	ウオ	ユエ

③ 母音が3つの三重母音

iao (yao)	iou (you)	uai (wai)	uei (wei)
ヤオ	ヨウ	ワイ	ウェイ

※（　）内は子音がつかない場合の表記
※ iou と uei の前に子音があるときは o・e を省略します。

[練習] 014

薬を煎じる	校友	胃薬
熬药 áoyào アオヤオ	校友 xiàoyǒu シアオヨウ	胃药 wèiyào ウェイヤオ

号外	球技のチーム	昔を懐しむ
号外 hàowài ハオワイ	球队 qiúduì チウドゥイ	怀旧 huáijiù ホワイジウ

n や ng を伴う母音 015

同じローマ字でも後ろが n か ng で発音が変わるものもあります。

an — ang
アン　ファン

en — eng
エン　エゥン

ian (yan) — iang (yang)
イエン　　　　ヤン

in (yin) — ing (ying)
イン　　　イィン

uan (wan) — uang (wang)
ワン　　　　　ワァン

uen (wen) — ueng (weng)
ウェン　　　　ウォン

üan (yuan) — ün (yun) — ong — iong (yong)
ユエン　　　　ユィン　　　-オン　　ヨン

※（　）内は子音がつかない場合の表記

※ uen の前に子音があるときは e を省略します。　※ ong の前には必ず子音がつきます。

-n　　最終的に舌先の部分が上の歯ぐきの裏に着地します。

-ng　舌の根元の部分が盛り上がり、最終的に舌先はどこにもつきません。
　　　また、しっかりと息を鼻から抜くようにします。

23

[練習]

運ぶ
搬
bān
バン

助ける
帮
bāng
バァン

新型の
新型
xīnxíng
シンシィン

観光
观光
guānguāng
グワングアン

仙人
神仙
shénxiān
シェンシエン

顔立ち・容貌
生相
shēngxiàng
ションシアン

きらめく
耿耿
gěnggěng
ゲゥンゲゥン

公共の
公共
gōnggòng
ゴォンゴォン

若い
年轻
niánqīng
ニエンチィン

産みの親
亲娘
qīnniáng
チンニアン

原因
原因
yuányīn
ユエンイン

永遠に
永远
yǒngyuǎn
ヨンユエン

変調（へんちょう） 🔊 017

音節の組み合わせによって声調が変化することがあります。

（1）第三声の変調　第三声が連続するとき、前の音節の第三声は「第二声」で発音します。

こんにちは
Nǐ hǎo.（你好）　→　Ní hǎo.（表記は"Nǐ hǎo"のままにします）
ニィハオ　　　　　　　ニィハオ

（2）"一"（yī）の変調

"一"はもともと第一声"yī"で発音しますが、後ろに第一声・第二声・第三声がくると第四声に変化し、後ろに第四声がくると第二声に変調します。

一般的に	まっすぐ、ずっと	一緒に	合計、全部で
yìbān（一般）	yìzhí（一直）	yìqǐ（一起）	yígòng（一共）
イィバン	イィヂー	イィチィ	イィゴォン

（3）"一"は、ものの順を表す場合、第一声のままで変調しません。

第一課　　　　　　　　2011年
dì yī kè（第一课）　èrlíngyīyī nián（二〇一一年）
ディイィクァ　　　　　アルリィンイィイィ ニエン

（4）"不"（bù）の変調　"不"の後ろに第四声が来た場合、第二声に変調します。

～ではない　　　見ない
bú shì（不是）　bú kàn（不看）
ブゥシー　　　　ブゥカン

25

発音表記について

Ⅰ. 声調記号のつけ方と優先順位　声調記号は母音の上につけます。

①母音が１つの場合、その母音の上に

→　mō　　tī　　gē　　gōng
　　モォ　　ティ　　グァ　　ゴォン

※　"i"に声調記号をつけるとき、上にある点は書きません（塗りつぶします）。

②母音が２つ以上ある場合には、次の優先順位で声調記号をつけます。

1．aを優先に　→　dāo　　tiān　　suān　　yuān
　　　　　　　　　ダオ　　ティエン　スワン　　ユエン

2．aがなければ、eかoにつけましょう（eとoが同時に表記される音節はありません）

→　jiē　　cuò　　xióng　　yuè
　　ジェ　　ツゥオ　　シオン　　ユエ

3．「子音＋iu、子音＋ui」の場合は、後ろの方の母音に声調記号をつけましょう

→　zuì　　qiū　　zhuī　　xiū
　　ヅゥイ　　チウ　　ヂュイ　　シウ

Ⅱ. ピンイン表記の注意事項

（１）iではじまる音節は、①「頭にyをつける」場合と、②「iをyに換える」場合があります。

①　i、in、ing　→　yi、yin、ying
②　ia　→　ya　、ie　→　ye
　　ian　→　yan　、iong　→　yong　など

（２）uではじまる音節は、①「頭にwをつける」場合と、②「uをwに換える」場合があります。

①　u　→　wu　　　②　ua　→　wa　、uo　→　wo
　　　　　　　　　　　uei　→　wei　、ueng　→　weng　など

（3）üではじまる音節は、頭にyをつけ、(¨)を省略します。
　　　ü → yu 、 üe → yue 、 üan → yuan 、 ün → yun

（4）「子音＋iou、子音＋uei、子音＋uen」は「-iu、-ui、-un」となります。
　　　j＋iou → jiu 、 ch＋uei → chui 、 z＋uen → zun など

（5）üは子音j・q・xの後にくると(¨)を省略します。
　　　×　　　○　　　　×　　　○　　　　×　　　○
　　　jü → ju 、　qü → qu 、　xü → xu

※üが子音「n・l」の後ろにくる場合は、「nü・lü」のように(¨)をそのまま残します。

Ⅲ. 隔音記号（かくおん）

単語の後ろの音節が「a、o、e」のいずれかで始まる場合、前の音節との切れ目を明確に示すため、隔音記号「'」をつけます。

1．前の音節が「母音」もしくは「n、ng」で終わり、

2．後ろの音節がa、o、eのいずれかではじまる ⇒ 隔音記号をつけます。

答え	カモメ	金額
dá'àn（答案）	hǎi'ōu（海鸥）	jīn'é（金額）
前-後	前-後	前-後
ダァアン	ハイオウ	ジンウァ

日本人の苦手な発音

母音編

① "a" と "e"

中国語の"a"を日本語の「あ」をいう感じで、口を少し横に広げて発音すると、「なまった発音」あるいは中国語の"e"に聞こえることがあります。口をしっかり大きく「縦に開ける」イメージで発音しましょう。

② "u"

日本語の「う」同様の口のままでは締まりのない異なる発音になってしまいます。唇をしっかりと丸めて突き出し、喉の奥から発音することが重要です。

③ "i" と "ü"

この2つの発音は聞き取りで混同しやすい組み合わせの1つです。口の形をしっかりと作って違いを意識して発音してください。"i"は口をしっかり引いて明瞭な「イィ」で、"ü"は口を丸めて突出す「ユィ」。

子音編

① "bo" と "po" などの無気音・有気音

中国語には「ば・ぱ・は」のような「濁音・半濁音・清音」の区別がないため、中国人にとって「中野(なかの)と長野(ながの)」や「パリとバリ」の音の区別は非常に難しいようです。あくまで「息をこらえて発音する無気音」と「息を瞬時に発する有気音」のペアを覚えて、その特徴を身につけましょう。

② "f" と "h"

どちらも日本語の「ふ」という音で理解しようとしてはいけません。"f"は上の歯と下唇を使う「口先」からの音で、"h"は「ノドの奥」からこする音です。

③ "ji" と "zhi" などの舌面音・そり舌音

"ji"と"zhi"、"qi"と"chi"、"xi"と"shi"はそれぞれ聞き取りの判別が難しい組み合わせです。発音する場合、舌面音の"j・q・x"は舌が上がらないように抑え、そり舌音の"zh・ch・sh"は舌をひょいと上に持ち上げ、マッチを擦る音のような「チッ」に近い接触音からスタートして、次になめらかに母音に移動させるイメージです。また、"l"と"r"の判別も苦手な人が多いので、"r"のそり舌を聞き逃さないようにしましょう。

基本単語でおしゃべり

日常会話で必要な超基本単語と表現を集めました。どんどん声に出して会話のシミュレーションをしてみましょう！

 私・あなた・彼・彼女　人称代名詞 018

[単数]

私
我
wǒ
ウオ

あなた
你
nǐ
ニィ

あなた（丁寧・敬称）
您
nín
ニン

彼
他
tā
タァ

彼女
她
tā
タァ

[複数]

私たち
我们
wǒmen
ウオメン

あなたたち
你们
nǐmen
ニィメン

彼ら・彼女たち
他们・她们
tāmen　tāmen
タァメン　タァメン

2 親族呼称 019

[父方]

祖父
爷爷
yéye
イエイエ

祖母
奶奶
nǎinai
ナイナイ

[母方]

祖父
老爷
lǎoye
ラオイエ

祖母
姥姥
lǎolao
ラオラオ

父（父さん・パパ）
父亲（爸爸）
fùqin （bàba）
フゥチン （バァーバ）

母（母さん・ママ）
母亲（妈妈）
mǔqin （māma）
ムゥチン （マァーマ）

兄
哥哥
gēge
グァーグァ

弟
弟弟
dìdi
ディーディ

私
我
wǒ
ウオ

姉
姐姐
jiějie
ジエジエ

妹
妹妹
mèimei
メイメイ

こども
孩子
háizi
ハイヅ

息子
儿子
érzi
アルヅ

娘
女儿
nǚ'ér
ニュイアル

31

3 「数字」でおしゃべり

> 2×4は。

> 8。
> 八！
> Bā!
> バァ

まずは、「0〜10」…

0
零
líng
リィン

1	2	3	4	5
一	二	三	四	五
yī	èr	sān	sì	wǔ
イィ	アル	サン	スー	ウゥ

6	7	8	9	10
六	七	八	九	十
liù	qī	bā	jiǔ	shí
リウ	チィ	バァ	ジウ	シー

「11〜10000」…  021

11	12	20
十一 shíyī シーイィ	十二 shí'èr シーアル	二十 èrshí アルシー

30	99	100
三十 sānshí サンシー	九十九 jiǔshijiǔ ジウシジウ	一百 yìbǎi イィバイ

101	110	111
一百零一 yìbǎi líng yī イィバイリィンイィ	一百一十（一百一） yìbǎi yīshí　（yìbǎi yī） イィバイイィシー　（イィバイイィ）	一百一十一 yìbǎi yīshíyī イィバイイィシイィ

1000	1001	1010
一千 yìqiān イィチエン	一千零一 yìqiān líng yī イィチエンリィンイィ	一千零一十 yìqiān líng yīshí イィチエンイィシー

1100		10000
一千一百（一千一） yìqiān yìbǎi　（yìqiān yī） イィチエンイィバイ　（イィチエンイィ）	…	一万 yí wàn イィワン

33

 「時間詞」でおしゃべり

> いつ出発するの。

> 朝です。
> **早上！**
> Zǎoshang!
> ヅァオシァアン

— 朝・昼・夜 —

朝
早上
zǎoshang
ヅァオシァアン

昼
白天
báitiān
バイティエン

夜
晚上
wǎnshang
ワンシァアン

> 彼はいつ来るのですか。

> 午前です。
> **上午。**
> Shàngwǔ.
> シァアンウゥ

午前
上午
shàngwǔ
シァアンウゥ

正午
中午
zhōngwǔ
ヂォンウゥ

午後
下午
xiàwǔ
シアウゥ

34

彼にいつ会うのですか。

明日です。
明天。
Míngtiān.
ミンティエン

― 昨日・今日・明日 ―

昨日	今日	明日
昨天	**今天**	**明天**
zuótiān	jīntiān	míngtiān
ヅゥオティエン	ジンティエン	ミンティエン

出張はいつですか。

来週です。
下个星期。
Xiàge xīngqī.
シアグァシンチィ

― 先週・今週・来週 ―

先週	今週	来週
上个星期	**这个星期**	**下个星期**
shàngge xīngqī	zhège xīngqī	xiàge xīngqī
シャングァシンチィ	ヂョグァシンチィ	シアグァシンチィ

彼の結婚式はいつですか。

今月です。
这(个)月。
Zhè(ge)yuè.
ヂョア（グァ）ユエ

— 先月・今月・来月 —

先月
上(个)月
shàng(ge)yuè
シャアン（グァ）ユエ

今月
这(个)月
zhè(ge)yuè
ヂョア（グァ）ユエ

来月
下(个)月
xià(ge)yuè
シア（グァ）ユエ

免許はいつ取ったのですか。

去年です。
去年。
Qùnián.
チュィニエン

— 去年・今年・来年 —

去年
去年
qùnián
チュィニエン

今年
今年
jīnnián
ジンニエン

来年
明年
míngnián
ミィンニエン

36

5 「場所詞」でおしゃべり 025

カギはどこにありますか。

ここです。
这儿。
Zhèr.
ヂョアール

○ ここ・そこ・あそこ・どこ

ここ	そこ・あそこ	どこ
这儿	**那儿**	**哪儿**
zhèr	nàr	nǎr
ヂョアール	ナァール	ナァール

○ 方位を表す言葉 ― 方位詞 ―

　名詞の後ろにつけ、その具体的な位置や場所を表現するのが「方位詞」です。方位詞には①名詞の後ろに漢字1文字をつける「単純方位詞」と、②"边儿・面"などがつき、単独で場所も表せる「合成方位詞」があります。

（主な単純方位詞）

	うえ	なか	した
名詞+○	上 shang シャアン	里 li リィ	下 xia シア

37

机の上
桌子上
zhuōzishang
ヂュオヅシャアン

机の中
桌子里
zhuōzili
ヂュオヅリ

机の下
桌子下
zhuōzixia
ヂュオヅシア

（主な合成方位詞）

名詞＋○ 単独での 使用も可能	なか **里边儿** lǐbianr リィビィアール	そと **外边儿** wàibianr ワイビィアール	まえ **前边儿** qiánbianr チエンビィアール	うしろ **后边儿** hòubianr ホウビィアール	そば **旁边儿** pángbiānr パァンビィアール
名詞＋○ 単独での 使用も可能	うえ **上边儿** shàngbianr シャンビィアール	した **下边儿** xiàbianr シアビィアール	ひだり **左边儿** zuǒbianr ヅゥオビィアール	みぎ **右边儿** yòubianr ヨウビィアール	
名詞＋○ 単独での 使用も可能	東 **东边儿** dōngbianr ドォンビィアール	西 **西边儿** xībianr シィビィアール	南 **南边儿** nánbianr ナンビィアール	北 **北边儿** běibianr ベイビィアール	

6 「あいさつ」でおしゃべり 027

こんにちは。
你好！
Nǐ hǎo!
ニィハオ

こんにちは。(丁寧な言い方)
您好！
Nín hǎo!
ニンハオ

おはようございます。
早上 好！
Zǎoshang hǎo!
ヅァオシァン　ハオ

こんばんは。
晚上 好！
Wǎnshang hǎo!
ワンシァン　ハオ

おやすみなさい。
晚安！
Wǎn'ān!
ワンアン

39

ありがとう。
谢谢！
Xièxie!
シエシエ

どういたしまして。
不 客气！
Bú kèqi!
ブゥクァーチ

ごめんなさい。
对不起。
Duìbuqǐ.
ドゥイブチィ

かまいません。
没关系。
Méi guānxi.
メイグワンシ

どうぞお入りください。
请 进！
Qǐng jìn!
チィンジン

どうぞお座りください。
请 坐！
Qǐng zuò!
チィンヅゥオ

さようなら。
再见！
Zàijiàn!
ヅァイジエン

また明日。
明天 见！
Míngtiān jiàn!
ミィンティエンジエン

40

7 「名前」でおしゃべり 🔊029

(名字・姓を聞く場合)

お名前は？
您 貴姓 ？
Nín guìxìng?
ニン グゥイシィン

私は岡崎といいます。
我 姓 冈崎。
Wǒ xìng Gāngqí.
ウオ シィン ガァンチィ

(フルネームを聞く場合)

あなたは何というお名前ですか。
你 叫 什么名字？
Nǐ jiào shénme míngzi?
ニィジアオ シェンマミィンヅ

私は王光輝といいます。
我 叫 王 光辉。
Wǒ jiào Wáng Guānghuī.
ウオジアオ ワァン グアンホゥイ

41

8 「年齢」でおしゃべり 030

(年下から同年代の人には…)

あなたは何歳ですか。
你 多大 ?
Nǐ duōdà?
ニィ ドゥオダァ

私は 25 歳です。
我 二十五 岁。
Wǒ èrshiwǔ suì.
ウオ アルシウゥスゥイ

(目上や年上の方に対して)

お年はおいくつですか。
您 多大 岁数 ?
Nín duōdà suìshu?
ニン ドゥオダァスゥイシュ

私は 63 歳です。
我 六十三 岁。
Wǒ liùshisān suì.
ウオ リウシサンスゥイ

42

9 「日付」でおしゃべり 🎧 031

今日は何月何日ですか。

今天 几 月 几 号？
Jīntiān jǐ yuè jǐ hào?
ジンティエン ジィユエ ジィハオ

今日は6月6日です。

今天 六 月 六 号。
Jīntiān liù yuè liù hào.
ジンティエン リウユエ リウハオ

★ 西暦

1972 年

一 九 七 二 年
Yī jiǔ qī èr nián
イィジウ チィアル ニエン

2008 年

二 〇 〇 八 年
Èr líng líng bā nián
アルリィン リィンバァ ニエン

★ 年月日

2014 年 11 月 22 日

二 〇 一 四 年 十 一 月 二 十 二 号
Èr líng yī sì nián shíyī yuè èrshí'èr hào
アルリィン イィスー ニエン シーィユエ アルシアルハオ

43

10 「曜日」でおしゃべり 032

今日は何曜日ですか。
今天 星期 几 ?
Jīntiān xīngqī jǐ?
ジンティエン シィンチィジィ

今日は木曜日です。
今天 星期四 。
Jīntiān xīngqīsì.
ジンティエン シィンチィスー

曜日

月曜日	**星期一** xīngqīyī シィンチィイィ	
火曜日	**星期二** xīngqī'èr シィンチィアル	
水曜日	**星期三** xīngqīsān シィンチィサン	
木曜日	**星期四** xīngqīsì シィンチィスー	
金曜日	**星期五** xīngqīwǔ シィンチィウゥ	
土曜日	**星期六** xīngqīliù シィンチィリウ	
日曜日	**星期天** xīngqītiān シィンチィティエン	**星期日** xīngqīrì シィンチィリー

11 「時刻」でおしゃべり 🎧033

今、何時ですか。
现在 几 点？
Xiànzài jǐ diǎn?
シエンヅァイ ジィディエン

今、7時です。
现在 七 点。
Xiànzài qī diǎn.
シエンヅァイ チィディエン

★ 時刻の表現

（○時×分）
○ 点 × 分
diǎn　　fēn
ディエン　フェン

注意！「〜時」のときの「2」は"二(èr)"ではなく、"两(liǎng)"を使います。
「〜分」のときの「2」は"二(èr)"を使います。

2時
两 点
liǎng diǎn
リアンディエン

2時2分
两 点（零）二 分
liǎng diǎn (líng) èr fēn
リアンディエン（リィン）アルフェン

45

2時15分

两点 一刻
liǎng diǎn yí kè
リアンディエン　イィクァ

☆ "一刻"は15分を表します。"十五分"とも言えます。

2時30分

两点 半
liǎng diǎn bàn
リアンディエン　バン

☆ 30分は"三十分"とも言えます。

2時45分

两点 三刻
liǎng diǎn sānkè
リアンディエン　サンクァ

☆ 45分は"四十五分"とも言えます。

2時2分前（1時58分）

差 两 分 两 点
chà liǎng fēn liǎng diǎn
チャア　リアンフェン　リアンディエン

☆ "差"は「足りない」という意味で、直訳すると「2分間足りない2時」。
※時間量の「2分間」は"两分"になります。

12 「価格」でおしゃべり 035

いくらですか。
多少 钱 ?
Duōshao qián?
ドゥオシャオチエン

150元です。
一百 五十 块 。
Yìbǎi wǔshí kuài.
イィバイウゥシークワイ

— お金の表現 —

単位

口語表現	块 kuài クワイ	毛 máo マオ	分 fēn フェン
書面語	元 yuán ユエン	角 jiǎo ジアオ	分 fēn フェン

お金の名称

人民元（RMB）	台湾元（NT$）	香港ドル（HK$）
人民币 Rénmínbì ロェンミンビィ	新台币 Xīntáibì シンタイビィ	港币 Gǎngbì ガァンビィ
日本円（JP¥）	米ドル（$）	ユーロ（€）
日元 Rìyuán リーユエン	美元 Měiyuán メイユエン	欧元 Ōuyuán オウユエン

47

13 「番号」でおしゃべり 🔊036

部屋番号は何番ですか。

房间 号码 是 多少？

Fángjiān hàomǎ shì duōshao?

ファアンジエン ハオマァ シー ドゥオシャオ

803です。

803。

Bā líng sān.

バァリィンサン

電話番号はいくつですか。

电话 号码 是 多少？

Diànhuà hàomǎ shì duōshao?

ディエンホアハオマァ シー ドゥオシャオ

090-2233-4455です。

〇九〇 - 二二三三 - 四四五五。

Língjiǔlíng-èrèrsānsān-sìsìwǔwǔ.

リィンジウリィン　アルアルサンサン　スースーウゥウゥ

★ "～是多少？" で「～はいくつ／何番ですか。」と色々な番号を尋ねられます。

携帯番号	郵便番号	パスポートナンバー
手机号码	**邮编**	**护照号码**
shǒujī hàomǎ	yóubiān	hùzhào hàomǎ
ショウジィハオマァ	ヨウビエン	ホゥヂャオハオマァ

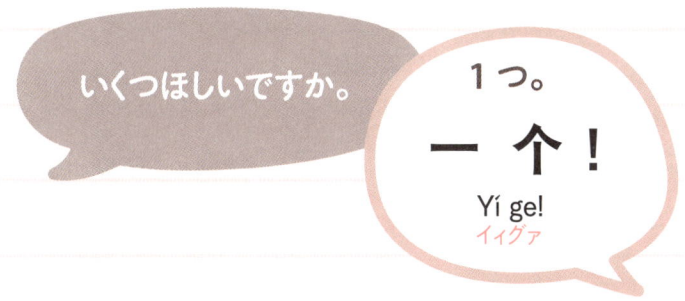

14 「個数・数量」でおしゃべり －量詞－ 🎧037

いくつほしいですか。

1つ。
一 个！
Yí ge!
イィグァ

日本語でものの単位を表す「～個、～枚」などを「助数詞」といいますが、中国語でこれに相当するものが「量詞」です。語順は以下のとおりで、日本語同様、名詞によって使い分けがあります。

数 ＋ 量詞 ＋ 名詞

（主な量詞）

"个（ge）" －　日本語の「ひとつ、ふたつ」に相当し、広く使えます

1人
一 个 人
yí ge rén
イィグァロェン

2つの質問
两 个 问题
liǎng ge wèntí
リアングァ　ウェンティ

※個数や数量で「2」を表すとき、"两（liǎng）"を使います。

"张（zhāng）" － 「1枚、2枚」など「平面を有するもの」を数えます

1枚の写真

一 张 照片
yì zhāng zhàopiàn
イィヂァアン　ヂャオピエン

2枚のチケット

两 张 票
liǎng zhāng piào
リアンヂァアン　ピアオ

"本（běn）" － 「1冊、2冊」のように、「冊子体のもの」を数えます

1冊の本

一 本 书
yì běn shū
イィベンシュウ

2冊の雑誌

两 本 杂志
liǎng běn zázhì
リアンベン　ヅァアヂー

"杯（bēi）" － 「1杯、2杯」のように、「コップや湯呑みなどの容器」を数えます

1杯のコーヒー

一 杯 咖啡
yì bēi kāfēi
イィベイ　カァフェイ

2杯の紅茶

两 杯 红茶
liǎng bēi hóngchá
リアンベイ　ホォンチャア

"瓶（píng）" － 「1本、2本」のように「ビンやペットボトル」を数えます

1本のビール
一 瓶 啤酒
yì píng píjiǔ
イィピィン　ピィジウ

（ペットボトル）2本の水
两 瓶 水
liǎng píng shuǐ
リァンピィン　シュイ

"件（jiàn）" － 「1枚、2枚」のように、「上に着る衣類」を数えます

1枚のセーター
一 件 毛衣
yí jiàn máoyī
イィジェン　マオイィ

2枚のTシャツ
两 件 T 恤
liǎng jiàn T xù
リァンジエン　ティーシュイ

"条（tiáo）" － 「1本、2本」のように、「下にはく衣類」を数えます

1本のズボン
一 条 裤子
yì tiáo kùzi
イィティアオ　クゥーヅ

2枚のスカート
两 条 裙子
liǎng tiáo qúnzi
リァンティアオ　チュィンヅ

51

15 所有や所属を表す「〜の…」でおしゃべり －構造助詞－ 🎧040

> これは誰の本ですか。

> 私の本です。
> 我 的 书。
> Wǒ de shū.
> ウオ ドァ シュウ

「私の本」や「兄の携帯電話」のように「〜の…」と後ろにある名詞を修飾する日本語の「の」に相当するのが中国語の「的」です。

[人など] + 的 + 修飾される名詞

de
の

○ 所有や所属関係を表す

私の本
我 的 书
wǒ de shū
ウオ ドァ シュウ

兄の携帯電話
哥哥 的 手机
gēge de shǒujī
グァーグァ ドァ ショウジィ

52

※①「人称代名詞＋（家族・人間関係・所属機関）」、②緊密に熟語化する場合、「的」は省略されます。

① 例）人称代名詞＋家族　　　人称代名詞＋所属機関

私の妹　　　　　　　　　あなたたちの会社

我 妹妹　　　　　　　　**你们 公司**

wǒ mèimei　　　　　　　　nǐmen gōngsī

ウオ　メイメイ　　　　　　ニィメン　ゴォンスー

② 例）　国名＋名詞　　　　　言語名＋名詞

中国人の先生　　　　　　中国語の辞書

中国 老师　　　　　　　**汉语 词典**

Zhōngguó lǎoshī　　　　　Hànyǔ cídiǎn

ヂォングゥオ　ラオシー　　ハンユィツーディエン

※修飾される名詞がわかっている場合、それを省略して表現することができます。

彼の（もの）　　　　　　先生の（もの）

他 的　　　　　　　　**老师 的**

tā de　　　　　　　　　lǎoshī de

タァ　ドァ　　　　　　　ラオシー　ドァ

53

16 カンタンな「吗」でおしゃべり －疑問の文末助詞－ 042

文末に助詞「吗（ma）」をつけると「～ですか」という疑問の意味を表すことができます。

> 動詞や形容詞を含む述語文 ＋ 吗 ？
> ma?
> マァ

本書の「超基本文型」編や「超基本おしゃべり表現」編でも、様々な文型の最後に「吗」を使い、カンタンな質問をしています。中国語での質問の基本ですので、ぜひ覚えましょう。

★「超基本文型」編での例

あなたは日本人ですか。
你 是 日本人 吗?
Nǐ shì Rìběnrén ma?
ニィ シー リーベンロェン マァ

私は日本人です。
我 是 日本人。
Wǒ shì Rìběnrén.
ウオ シー リーベンロェン

★「超基本おしゃべり表現」編での例

あなたはそれがほしいですか。
你 要 那个 吗?
Nǐ yào nèige ma?
ニィ ヤオ ネイグァ マァ

いりません。
不要。
Búyào.
ブゥヤオ

超基本文型

中国語会話で必須となる超基本的なフレーズを選びました！会話の基本をしっかりと覚えましょう！

1 あなたは日本人ですか。
私は日本人です。

"是"構文（肯定形） 🎧043

> あなた です　日本人　か
> **你 是 日本人 吗?**
> Nǐ　shì　Rìběnrén　ma?
> ニィ　シー　リーベンロェン　マァ

> 私　です　日本人
> **我 是 日本人。**
> Wǒ　shì　Rìběnrén.
> ウオ　シー　リーベンロェン

超 基本文型

主語 ＋ 是 ＋ 目的語 。　　（〜は○○です）
　　　　　shì
　　　　　シー

「〜は○○です」のように、「主語」と「目的語」が同一であり、「主語＝目的語」という判断・認定をするのが"是"です。質問の返事にも単独で使うことができ、"是。"などと一言返せば「そうです。」と肯定の回答をしたことになります。

超 カンタン会話 🔊044

彼女は中国人ですか。

彼女 です 中国人 か
她 是 中国人 吗？
Tā shì Zhōngguórén ma?
タァ シー ヂォングゥオロェン マァ

彼女は中国人です。

彼女 です 中国人
她 是 中国人。
Tā shì Zhōngguórén.
タァ シー ヂォングゥオロェン

彼は学生ですか。

彼 です 学生 か
他 是 学生 吗？
Tā shì xuésheng ma?
タァ シー シュエション マァ

そうです。彼は学生です。

です 彼 です 学生
是, 他 是 学生。
Shì, tā shì xuésheng.
シー タァ シー シュエション

57

2 あなたは留学生ですか。
私は留学生ではありません。

"是"構文（否定形）

045

あなた です　留学生　か
你 是 留学生 吗?
Nǐ shì liúxuéshēng ma?
ニィ　シー　リウシュエション　マァ

私　でない　留学生
我 不是 留学生。
Wǒ bú shì liúxuéshēng.
ウオ　ブゥシー　リウシュエション

超 基本文型

主語 ＋ **不是** ＋ 目的語 。　　（〜は○○ではありません）
　　　　bú shì
　　　　ブゥ シー

不是!!

「〜は○○です」で使う"是"の前に否定を表す"不"をつけて、"不是"とすれば、「〜は○○ではありません」という否定表現になります。
"不是"の"不（bù）"は後ろの"是（shì）"が第四声なので、第二声に変化させて発音する必要があり（25頁参照）、"bú shì"と読まなければなりません。

58

超カンタン会話 🎧046

彼は先生ですか。

彼	です	先生	か
他	**是**	老师	吗?
Tā	shì	lǎoshī	ma?
タァ	シー	ラオシー	マァ

彼は先生ではありません。

彼	でない	先生
他	**不是**	老师。
Tā	bú shì	lǎoshī.
タァ	ブゥシー	ラオシー

これは辞書ですか。

これ	です	辞書	か
这	**是**	词典	吗?
Zhè	shì	cídiǎn	ma?
ヂョア	シー	ツーディエン	マァ

いいえ、これは辞書ではありません。

でない	これ	でない	辞書
不是,	这	**不是**	词典。
Bú shì,	zhè	bú shì	cídiǎn.
ブゥシー	ヂョア	ブゥシー	ツーディエン

59

3 あなたは食事をしますか。
私は食事をします。

動詞述語文（肯定形） 🎧047

> あなた 食べる ご飯 か
> **你 吃 饭 吗?**
> Nǐ chī fàn ma?
> ニィ チー ファン マァ

> 私 食べる ご飯
> **我 吃 饭。**
> Wǒ chī fàn.
> ウォ チー ファン

超 基本文型

主語 ＋ 動詞 ＋ 目的語 。　（〜は○○を…します）

> 動詞を使えば「〜は○○を…する」という様々な動作・行為の表現ができます。目的語をつけない場合も「私は行きます」・「私は飲みます」という表現が可能です。主な動詞を紹介します。

行く **去**（qù）チュイ
○中国に行く
　去　中国
　qù Zhōngguó
　チュイ ヂォングゥオ

来る **来**（lái）ライ
○日本に来る
　来　日本
　lái Rìběn
　ライ リーペン

食べる **吃**（chī）チー
○ラーメンを食べる
　吃　拉面
　chī lāmiàn
　チー ラァミエン

飲む **喝**（hē）ホァ
○お酒を飲む
　喝　酒
　hē jiǔ
　ホァ ジウ

勉強する **学**（xué）シュエ
○中国語を学ぶ
　学　汉语
　xué Hànyǔ
　シュエ ハンユィ

買う **买**（mǎi）マイ
○車を買う
　买　车
　mǎi chē
　マイ チョア

超カンタン会話

彼女はコーヒーを飲みますか。

彼女	飲む	コーヒー	か
她	喝	咖啡	吗?
Tā	hē	kāfēi	ma?
タァ	ホァ	カァフェイ	マァ

彼女はコーヒーを飲みます。

彼女	飲む	コーヒー
她	喝	咖啡。
Tā	hē	kāfēi.
タァ	ホァ	カァフェイ

彼はパソコンを買いますか。

彼	買う	パソコン	か
他	买	电脑	吗?
Tā	mǎi	diànnǎo	ma?
タァ	マイ	ディエンナオ	マァ

彼はパソコンを買います。

彼	買う	パソコン
他	买	电脑。
Tā	mǎi	diànnǎo.
タァ	マイ	ディエンナオ

61

4 あなたはテレビを見ますか。私はテレビを見ません。

動詞述語文（否定形）

049

あなた 見る テレビ か
你 看 电视 吗?
Nǐ kàn diànshì ma?
ニィ カン ディエンシー マァ

私 見ない テレビ
我 不 看 电视。
Wǒ bú kàn diànshì.
ウォ ブゥカン ディエンシー

超 基本文型

主語 ＋ 不 ＋ 動詞 ＋ 目的語 。（〜は○○を…しません）
　　　　bù
　　　　ブゥ

動詞の前に否定を表す"不"をつけると「〜しません」という動作の否定を表すことができます。これは主語が「食べない」・「行かない」のように、その動作・行為について意志を持って「しない」というニュアンスを含んでいます。

62

超カンタン会話

彼女は学校に来ますか。

彼女	来る	学校	か
她	来	学校	吗?
Tā	lái	xuéxiào	ma?
タァ	ライ	シュエシアオ	マァ

彼女は学校に来ません。

彼女	来ない		学校
她	不	来	学校。
Tā	bù	lái	xuéxiào.
タァ	ブゥライ		シュエシアオ

彼はドイツ語を勉強しますか。

彼	学ぶ	ドイツ語	か
他	学	德语	吗?
Tā	xué	Déyǔ	ma?
タァ	シュエ	ドァユイ	マァ

彼はドイツ語を勉強しません。

彼	学ばない		ドイツ語
他	不	学	德语。
Tā	bù	xué	Déyǔ.
タァ	ブゥシュエ		ドァユイ

63

5 北京ダックはおいしいですか。
北京ダックはおいしいです。

形容詞述語文（肯定形） 051

北京ダック　おいしい　か
北京 烤鸭 好吃 吗?
Běijīng　kǎoyā　hǎochī　ma?
ペイジィンカオヤァ　ハオチー　マァ

北京ダック　とても　おいしい
北京 烤鸭 很 好吃。
Běijīng　kǎoyā　hěn　hǎochī.
ペイジィンカオヤァ　ヘンハオチー

超 基本文型

主語 ＋ **很** ＋ 形容詞 。　（～は…です）
　　　　hěn
　　　　ヘン

「形容詞述語文」は主語の状態やさまを形容詞で表現する文で、「～は 形容詞 です」という意味になります。肯定形では述語となる形容詞の前に副詞"很"をつける必要がありますが、特に訳す必要はありません。また、疑問文の場合はこの"很"を外します。

超カンタン会話 🎧052

あなたは忙しいですか。

あなた　忙しい　か
你　忙　吗?
Nǐ　máng　ma?
ニィ　マァン　マァ

私は忙しいです。

私　とても　忙しい
我　很　忙。
Wǒ　hěn　máng.
ウオ　ヘンマァン

上海は暑いですか。

上海　暑い　か
上海　热　吗?
Shànghǎi　rè　ma?
シャンハイ　ロァ　マァ

上海は暑いです。

上海　とても　暑い
上海　很　热。
Shànghǎi　hěn　rè.
シャンハイ　ヘンロァ

65

6 あなたは疲れていますか。私は疲れていません。

形容詞述語文（否定形）

053

あなた　疲れている　か
你　　累　　吗?
Nǐ　　lèi　　ma?
ニィ　　レイ　　マァ

私　　疲れていない
我　不　累。
Wǒ　bú　lèi.
ウオ　ブゥレイ

超 基本文型

主語 + **不** + 形容詞 。　（～は…ではありません）
　　　　bù
　　　　ブゥ

「形容詞述語文」の否定形は形容詞の前に直接"不"をつければ、「～は 形容詞 ではありません」という意味になります。肯定形では形容詞の前に"很"をつける必要がありますが、否定文や疑問文の場合はこの"很"を外します。

超 カンタン会話 054

駅は遠いですか。

駅	遠い	か
车站	远	吗?
Chēzhàn	yuǎn	ma?
チョァヂャン	ユエン	マァ

駅は遠くありません。

駅	遠くない	
车站	不 远	。
Chēzhàn	bù yuǎn	.
チョァヂャン	ブゥユエン	

中国語は難しいですか。

中国語	難しい	か
汉语	难	吗?
Hànyǔ	nán	ma?
ハンユィ	ナン	マァ

中国語は難しくないです。

中国語	難しくない	
汉语	不 难	。
Hànyǔ	bù nán	.
ハンユィ	ブゥナン	

7 あなたは何を食べますか。
私はチャーハンを食べます。

なに・誰・どこ（疑問詞）　　055

あなた　食べる　　何
你　　吃　　什么？
Nǐ　　chī　　shénme?
ニィ　　チー　　シェンマ

私　　食べる　チャーハン
我　　吃　　炒饭。
Wǒ　　chī　　chǎofàn.
ウオ　　チー　チャオファン

超 基本文型

○ 主語 + 是 + （什么 / 谁） ?　（～はなんですか、～は誰ですか）
　　　　　shì　　shénme/shéi
　　　　　シー　シェンマ/シェイ

○ 主語 + 動詞 + 什么 ?　（～は何を…しますか）
　　　　　　　　shénme　　×吗？　いりません！
　　　　　　　　シェンマ

○ 主語 + 動詞 + 哪儿 ?　（～はどこに…か）
　　　　　　　　nǎr　　　×吗？　いりません！
　　　　　　　　ナァール

"什么"は「何」、"谁"は「誰」、"哪儿"は「どこ」という意味を表し、尋ねたい部分にこれらを置けば疑問文になります。"什么"は名詞と組み合わせて"什么＋〇〇"とすると「なんの〇〇、どんな〇〇」という意味も表します。いずれも文末に"吗"を置く必要はありません。

超カンタン会話

彼は誰ですか。

彼　である　誰
他　是　**谁**？
Tā　shì　shéi？
タァ　シー　シェイ

彼は通訳です。

彼　である　通訳
他　是　**翻译**。
Tā　shì　fānyì.
タァ　シー　ファンイィ

あなたはどこに行きますか。

あなた　行く　どこ
你　去　**哪儿**？
Nǐ　qù　nǎr？
ニィ　チュィ　ナァール

私は空港に行きます。

私　行く　空港
我　去　**机场**。
Wǒ　qù　jīchǎng.
ウオ　チュィ　ジィチャアン

8 あなたはいくつ食べますか。私は2個食べます。

いくつ（疑問詞）

057

あなた 食べる いくつ 個
你 吃 几 个?
Nǐ chī jǐ ge?
ニィ チー ジィグァ

私 食べる 2 個
我 吃 两 个。
Wǒ chī liǎng ge.
ウオ チー リアングァ

超 基本文型

几 + 量詞 + 名詞 ？　　（いくつの○○？）
jǐ
ジィ

"几"は「いくつ」という10未満の数量を尋ねる疑問詞です。"几"の後ろには必ず「量詞（49頁参照）」を置かなければなりません。数を尋ねる部分の語順は「"几"＋量詞＋名詞」となります。

70

超 カンタン会話 🎧 058

あなたはいくつ買いますか。

あなた　買う　いくつ　個
你　买　几　个？
Nǐ　mǎi　jǐ　ge?
ニィ　マイ　ジィグァ

私は3個買います。

私　買う　3　個
我　买　三　个。
Wǒ　mǎi　sān　ge.
ウォ　マイ　サングァ

あなたは本を何冊借りますか。

あなた　借りる　いくつ　冊　本
你　借　几　本　书？
Nǐ　jiè　jǐ　běn　shū?
ニィ　ジェ　ジィベンシュウ

私は1冊借ります。

私　借りる　1　冊　本
我　借　一　本　书。
Wǒ　jiè　yì　běn　shū.
ウォ　ジェ　イィベンシュウ

71

9 あなたは今日行きますか。私は今日行きます。

時点＋述語

059

あなた 今日 行く か
你 今天 去 吗?
Nǐ jīntiān qù ma?
ニィ ジンティエン チュィ マァ

私 今日 行く
我 今天 去。
Wǒ jīntiān qù.
ウォ ジンティエン チュィ

超 基本文型

- 主語 ＋ 時点 ＋ 動詞 ＋ 目的語 。
  （〜は 時点 に〇〇を…します）

- 時点 ＋ 主語 ＋ 動詞 ＋ 目的語 。
  （ 時点 に〜は〇〇を…します）

「今日、今年、2時」などの時点を表す名詞は動詞の前に置き、「その動作をいつするか」について補足することができます。この場合の語順は「主語の後・述語の前」に置いても、「主語の前」に置いてもかまいません。

超カンタン会話 🎵060

彼は何時に帰宅しますか。

彼	いくつ	時	帰宅する
他	几	点	回家？
Tā	jǐ	diǎn	huíjiā?
タァ	ジィディエン		ホゥイジア

彼は10時に帰宅します。

彼	10時	帰宅する
他	十点	回家。
Tā	shí diǎn	huíjiā.
タァ	シーディエン	ホゥイジア

あなたは土曜日に出勤しますか。

あなた	土曜日	出勤する	か
你	星期六	上班	吗？
Nǐ	xīngqīliù	shàngbān	ma?
ニィ	シィンチィリウ	シャンバン	マァ

私は土曜日に出勤しません。

私	土曜日	出勤しない	
我	星期六	不	上班。
Wǒ	xīngqīliù	bú	shàngbān.
ウォ	シィンチィリウ	ブゥシャンバン	

73

10 あなたも見ますか。
私も見ます。

副詞 "也・都"

あなた も 見る か
你 也 看 吗?
Nǐ yě kàn ma?
ニィ イエ カン マァ

私 も 見る
我 也 看。
Wǒ yě kàn.
ウオ イエ カン

超 基本文型

- 主語 ＋ **也** ＋ 述語（動詞句・形容詞句）。
  yě
  イエ
  （〜も…します）

- 主語 ＋ **都** ＋ 述語（動詞句・形容詞句）。
  dōu
  ドウ
  （〜はみな…します）

"也"は「〜も」という意味で、"都"は主語が複数でそれらが「みな」という意味を表します。語順はいずれも述語の前に置きます。否定の"不"と組み合わせるときは"也不"（〜も…ではない）・"都不"（みな〜ではない）という語順になります。

超カンタン会話 062

彼らはみな日本人ですか。

彼ら	みな	である	日本人	か
他们	都	是	日本人	吗?
Tāmen	dōu	shì	Rìběnrén	ma?
タァメン	ドウシー		リーベンロェン	マァ

彼らはみな日本人です。

彼ら	みな	である	日本人
他们	都	是	日本人。
Tāmen	dōu	shì	Rìběnrén.
タァメン	ドウシー		リーベンロェン

あなたもこれを買いますか。

あなた	も	買う	これ	か
你	也	买	这个	吗?
Nǐ	yě	mǎi	zhèige	ma?
ニィ	イエ	マイ	チェイグァ	マァ

私もこれを買います。

私	も	買う	これ
我	也	买	这个。
Wǒ	yě	mǎi	zhèige.
ウォ	イエ	マイ	チェイグァ

75

中国語でおしゃべりを楽しむコツ

　正しい発音と文法知識を学んだら、次にそれを実践・発信する場面に踏み出し、自分でどんどん活用していくだけです。緊張せず、あくまで「おしゃべり」ですので気軽に楽しんでいきましょう。ここでは実践に向けての心構えやちょっとした学習のヒントなどをご紹介したいと思います。

① 少しでもできたら「できます」という寛容さ！

　日本人は外国語を多少話せる実力がなければ「(外国語が) できます」と言えないような控えめな方が多い気がします。しかし、外国人の中には日本語の単語を2～3個知っている程度でも「日本語ができます」と誇らしげに語る人も少なくありません。私も中国で日本語が話せると言う現地の人が「かわいい」と「ありがとう」だけしか知らなかったという例がありました。

　みなさんも (間違えたら恥ずかしい) などと考えずに、覚えた単語と文法を大きな声で堂々と口に出していきましょう。

② 習った例文は3倍味わう！

　例文は音読して、日本語の訳を確認して終わる…そんな「使い捨て」ではもったいないですね。出てきた例文を1「肯定文・否定文」に直したり、2「その文が答えになるような疑問文」を考えたり、3「その文の前後における対話の流れ」を考えたり、そのほか、知っている単語と置きかえるなどして、楽しみながら知識を定着させ、おしゃべりの引き出しを増やしてください。

③ 知っていることでも敢えて聞いてみよう！

　前知識のない情報をいきなり外国語で聞き取るのは難しいかもしれませんが、すでにわかっている内容を質問して、その回答を聞き取るというのは回答の予測もしやすく、学習者にとって貴重なリスニングの練習にもなります (相手の外国人にとっては迷惑かもしれませんが)。私も以前、すでに場所を把握しているのに「地下鉄の駅はどこですか」という質問を中国語で「露店のおばちゃん・道端に座って涼をとるおじいさん・帰宅途中の学生2人組」などに行ない、彼らそれぞれの答えや表現のバリエーションを参考にしていました。

　こういう実践からおしゃべりを始めてみるのもおすすめです。

超 基本おしゃべり表現

中国語会話をもっと楽しくするためのトレーニングを加えました！どんどんこなして会話力をつけましょう！

1 あなたは何がほしいですか。
私はお茶がほしいです。

動詞 "要"（肯定形） 063

> あなた ほしい 何
> **你 要 什么？**
> Nǐ yào shénme?
> ニィ ヤオ シェンマ

> 私 ほしい お茶
> **我 要 茶。**
> Wǒ yào chá.
> ウオ ヤオ チャア

超 基本文型

主語 ＋ 要(yào / ヤオ) ＋ 目的語 。　（〜は○○がほしい）

動詞 "要" を使うと「〜がほしい」という要求を表すことができます。文型の 目的語 の部分に欲しい商品や食べ物などを入れれば、自分の必要とするものを相手に伝えられます。

78

超カンタン会話 🎧064

あなたはパソコンがほしいですか。

あなた ほしい パソコン か
你 要 电脑 吗?
Nǐ yào diànnǎo ma?
ニィ ヤオ ディエンナオ マァ

ほしいです。

ほしい
要。
Yào.
ヤオ

あなたはタオルがほしいですか。

あなた ほしい タオル か
你 要 毛巾 吗?
Nǐ yào máojīn ma?
ニィ ヤオ マオジン マァ

私はタオルがほしいです。

私 ほしい タオル
我 要 毛巾。
Wǒ yào máojīn.
ウオ ヤオ マオジン

超カンタンおしゃべりワイド 🎧 065

質問やその答え方を少しずつふくらましていきましょう。

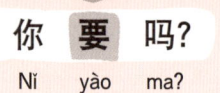

ほしいですか。
⬇
要 吗?
Yào ma?
ヤオ マァ

ほしいです。
⬇
要。
Yào.
ヤオ

あなたはほしいですか。
⬇
你 要 吗?
Nǐ yào ma?
ニィ ヤオ マァ

私はほしいです。
⬇
我 要。
Wǒ yào.
ウォ ヤオ

あなたは何がほしいですか。
⬇
你 要 什么?
Nǐ yào shénme?
ニィ ヤオ シェンマ

私はシャツがほしいです。
⬇
我 要 衬衫。
Wǒ yào chènshān.
ウォ ヤオ チェンシャン

あなたは何色のものがほしいですか。
⬇
你 要 什么 颜色 的?
Nǐ yào shénme yánsè de?
ニィ ヤオ シェンマ イエンスァドァ

私は赤いのがほしいです。
⬇
我 要 红 的。
Wǒ yào hóng de.
ウォ ヤオ ホォンドァ

80

超 カンタンきいて！こたえて！ 🎧 066

質問してみましょう

あなたはシルク製品がほしいですか。
你 要 丝绸 制品 吗?
Nǐ yào sīchóu zhìpǐn ma?

あなたはレシートが必要ですか。
您 要 发票 吗?
Nín yào fāpiào ma?

ネット用のケーブルはいりますか。
要 网线 吗?
Yào wǎngxiàn ma?

あなたはガールフレンドがほしいですか。
你 要 女朋友 吗?
Nǐ yào nǚpéngyou ma?

A
私はほしいです。
我 要。
Wǒ yào.

答えてみましょう

Q
あなたは何がほしいですか。
你 要 什么?
Nǐ yào shénme?

A
私は工芸品がほしいです。
我 要 工艺品。
Wǒ yào gōngyìpǐn.

私はこれとこれがほしいです。
我 要 这个 和 这个。
Wǒ yào zhèige hé zhèige.

私はこれと、あとそれがほしいです。
我 要 这个，还 要 那个。
Wǒ yào zhèige, hái yào nèige.

① 私はお茶がほしいです。

丝绸 制品 (sīchóu zhìpǐn) シルク製品　　发票 (fāpiào) レシート　　网线 (wǎngxiàn) ネット用のケーブル
女朋友 (nǚpéngyou) ガールフレンド　　工艺品 (gōngyìpǐn) 工芸品
※这个 (zhège)・那个 (nàge) ともいいますが、会話では zhèige・nèige がよく使われます。

81

2 あなたはこれがほしいですか。
私はこれはいりません。

動詞 "要"（否定形） 🔊 067

あなた ほしい これ か
你 要 这个 吗?
Nǐ yào zhèige ma?
ニィ ヤオ ヂェイグァ マァ

私 いらない これ
我 不要 这个。
Wǒ bú yào zhèige.
ウォ ブゥヤオ ヂェイグァ

超 基本文型

主語 ＋ **不要** ＋ 目的語 。 （～は○○がいりません）
　　　　bú yào
　　　　ブゥヤオ

動詞 "要" の前に否定の "不" をつけて "不要＋目的語" とすれば、「○○がいらない」という意味を表すことができます。
目的語を添えずに、単独で "不要！" と言えば、相手に対して「いりません」と率直に不要であることを伝えられます。

超 カンタン会話 068

あなたは記念品がほしいですか。

あなた	ほしい	記念品	か
你	要	纪念品	吗?
Nǐ	yào	jìniànpǐn	ma?
ニィ	ヤオ	ジィニエンピン	マァ

いりません。

いらない
不要。
Bú yào.
ブゥヤオ

あなたはライスがほしいですか。

あなた	ほしい	ライス	か
你	要	米饭	吗?
Nǐ	yào	mǐfàn	ma?
ニィ	ヤオ	ミィファン	マァ

私はライスはいりません。

私	いらない	ライス
我	不要	米饭。
Wǒ	bú yào	mǐfàn.
ウオ	ブゥヤオ	ミィファン

超カンタンおしゃべりワイド 🎧069

質問やその答え方を少しずつふくらましていきましょう。

ほしいですか。
→ 要 吗?
Yào ma?
ヤオ マァ

いりません。
→ 不要。
Bú yào.
ブゥヤオ

あなたはほしいですか。
→ 你 要 吗?
Nǐ yào ma?
ニィ ヤオ マァ

私はいりません。
→ 我 不要。
Wǒ bú yào.
ウオ ブゥヤオ

あなたはお酒がほしいですか。
→ 你 要 酒 吗?
Nǐ yào jiǔ ma?
ニィ ヤオ ジウ マァ

私はお酒はいりません。
→ 我 不要 酒。
Wǒ bú yào jiǔ.
ウオ ブゥヤオ ジウ

あなたは何のお酒がほしいですか。
→ 你 要 什么 酒?
Nǐ yào shénme jiǔ?
ニィ ヤオ シェンマ ジウ

いりません。ビールもワインもどちらもいりません。
→ 不要, 不要。啤酒、葡萄酒 都 不要。
Bú yào, bú yào. Píjiǔ、pútaojiǔ dōu bú yào.
ブゥヤオ ブゥヤオ ピィジウ プゥタオジウ ドウ ブゥヤオ

超カンタンきいて！こたえて！ 🎧 070

質問してみましょう

陶磁器はいりますか。
要 瓷器 吗?
Yào cíqì ma?

あなたはショッピングカートがいりますか。
你 要 购物车 吗?
Nǐ yào gòuwùchē ma?

ルームサービスはご入用ですか。
要 送餐 服务 吗?
Yào sòngcān fúwù ma?

京劇の隈取りのミニチュアはいりますか。
你 要 脸谱 吗?
Nǐ yào liǎnpǔ ma?

→ いりません。
不 要。
Bú yào.

答えてみましょう

あなたはそれがほしいですか。
你 要 那个 吗?
Nǐ yào nèige ma?

→ 私はいりません。
我 不 要。
Wǒ bú yào.

それはいりません。これがほしいです。
我 不 要 那个, 要 这个。
Wǒ bú yào nèige, yào zhèige.

いりません。ほかのものがほしいです。
不 要。我 要 别的。
Bú yào. Wǒ yào biéde.

瓷器 (cíqì) 陶磁器　　购物车 (gòuwùchē) ショッピングカート
送餐服务 (sòngcān fúwù) ルームサービス　　脸谱 (liǎnpǔ) 京劇の隈取のミニチュア
别的 (biéde) ほかのもの

85

3 あなたはペンを持っていますか。
私はペンを持っています。

所有の表現（肯定形） 🎧 071

> あなた ある ペン か
> **你 有 笔 吗?**
> Nǐ yǒu bǐ ma?
> ニィ ヨウ ビィ マァ

> 私 ある ペン
> **我 有 笔。**
> Wǒ yǒu bǐ.
> ウオ ヨウ ビィ

超 基本文型

主語 ＋ **有**（yǒu／ヨウ）＋ 目的語 。　（〜は○○を持っています）

動詞"有"は「〜は○○を持っています（〜がある）」という所有の意味を表します。目的語に人物が入る場合、中国語の動詞"有"自体は変わりませんが、日本語の訳は「いる」と訳すことになります。

☆発音の再確認
"要（yào）"「ヤオ」
"有（yǒu）"「ヨウ」
※口をしっかり動かして発音しましょう。

86

超 カンタン会話 072

あなたは携帯電話を持っていますか。

あなた	ある	携帯電話	か
你	**有**	手机	吗?
Nǐ	yǒu	shǒujī	ma?
ニィ	ヨウ	ショウジィ	マァ

私は携帯電話を持っています。

私	ある	携帯電話
我	**有**	手机。
Wǒ	yǒu	shǒujī.
ウォ	ヨウ	ショウジィ

あなたは弟がいますか。

あなた	いる	弟	か
你	**有**	弟弟	吗?
Nǐ	yǒu	dìdi	ma?
ニィ	ヨウ	ディーディ	マァ

私は弟がいます。

私	いる	弟
我	**有**	弟弟。
Wǒ	yǒu	dìdi.
ウォ	ヨウ	ディーディ

3 私はペンを持っています。

超カンタンおしゃべりワイド 🎧073

質問やその答え方を少しずつふくらましていきましょう。

ありますか。
→ 有 吗?
Yǒu ma?
ヨウ マァ

あります。
→ 有。
Yǒu.
ヨウ

あなたは持っていますか。
→ 你 有 吗?
Nǐ yǒu ma?
ニィ ヨウ マァ

私は持っています。
→ 我 有。
Wǒ yǒu.
ウォ ヨウ

あなたは教科書を持っていますか。
→ 你 有 课本 吗?
Nǐ yǒu kèběn ma?
ニィ ヨウ クァベン マァ

私は教科書を持っています。
→ 我 有 课本。
Wǒ yǒu kèběn.
ウォ ヨウ クァベン

あなたは何の教科書を持っていますか。
→ 你 有 什么 课本?
Nǐ yǒu shénme kèběn?
ニィ ヨウ シェンマ クァベン

私は中国語の教科書を持っています。
→ 我 有 汉语 课本。
Wǒ yǒu Hànyǔ kèběn.
ウォ ヨウ ハンユィ クァベン

超カンタンきいて！こたえて！ 074

質問してみましょう

あなたは調味料（タレ）がありますか。
你 有 调料 吗?
Nǐ yǒu tiáoliào ma?

あなたはクレジットカードを持っていますか。
你 有 信用卡 吗?
Nǐ yǒu xìnyòngkǎ ma?

あなたはカギを持っていますか。
你 有 钥匙 吗?
Nǐ yǒu yàoshi ma?

あなたは中国人の友達がいますか。
你 有 中国 朋友 吗?
Nǐ yǒu Zhōngguó péngyou ma?

> あります。（います）
> **有。**
> Yǒu.

答えてみましょう

> あなたは持っていますか。
> **你 有 吗?**
> Nǐ yǒu ma?

私は持っています。
我 有。
Wǒ yǒu.

私は持っていますし、彼も持っています。
我 有，他 也 有。
Wǒ yǒu, tā yě yǒu.

私は持っています。あなたも持っていますか。
我 有。你 也 有 吗?
Wǒ yǒu. Nǐ yě yǒu ma?

调料（tiáoliào）調味料
信用卡（xìnyòngkǎ）クレジットカード
钥匙（yàoshi）カギ

4 あなたは辞書を持っていますか。
私は辞書を持っていません。

所有の表現（否定形）　075

> あなた　ある　辞書　か
> **你 有 词典 吗?**
> Nǐ yǒu cídiǎn ma?
> ニィ ヨウ ツーディエン マァ

> 私　　ない　　辞書
> **我 没有 词典。**
> Wǒ méiyǒu cídiǎn.
> ウォ メイヨウ ツーディエン

超 基本文型

主語 + 没有 + 目的語 。　（〜は○○を持っていません）
　　　méiyǒu
　　　メイヨウ

所有を表す動詞"有"の否定形では"没"を使って"没有"とし、「〜は○○を持っていません（〜がない）」という意味を表します。目的語が人物の場合は「いません」と訳しましょう。

90

超 カンタン会話

あなたは車を持っていますか。

あなた	ある	車	か
你	**有**	车	吗?
Nǐ	yǒu	chē	ma?
ニィ	ヨウ	チョァ	マァ

私は車を持っていません。

私	ない	車
我	**没有**	车。
Wǒ	méiyǒu	chē.
ウォ	メイヨウ	チョァ

あなたは姉がいますか。

あなた	ある	姉	か
你	**有**	姐姐	吗?
Nǐ	yǒu	jiějie	ma?
ニィ	ヨウ	ジエジエ	マァ

私は姉がいません。

私	いない	姉
我	**没有**	姐姐。
Wǒ	méiyǒu	jiějie.
ウォ	メイヨウ	ジエジエ

[4] 私は辞書を持っていません。

超カンタンおしゃべりワイド 077

質問やその答え方を少しずつふくらましていきましょう。

ありますか。
→ 有 吗?
Yǒu ma?
ヨウ マァ

ありません。
→ 没有。
Méiyǒu.
メイヨウ

あなたは持っていますか。
→ 你 有 吗?
Nǐ yǒu ma?
ニィ ヨウ マァ

私は持っていません。
→ 我 没有。
Wǒ méiyǒu.
ウォ メイヨウ

あなたはチケットを持っていますか。
→ 你 有 票 吗?
Nǐ yǒu piào ma?
ニィ ヨウ ピアオ マァ

私はチケットを持っていません。
→ 我 没有 票。
Wǒ méiyǒu piào.
ウォ メイヨウ ピアオ

あなたは入場券を持っていますか。
→ 你 有 门票 吗?
Nǐ yǒu ménpiào ma?
ニィ ヨウ メンピアオ マァ

私は入場券を持っていません。
→ 我 没有 门票。
Wǒ méiyǒu ménpiào.
ウォ メイヨウ メンピアオ

超 カンタン きいて！こたえて！ 078

質問してみましょう

あなたはお箸がありますか。
你 有 筷子 吗?
Nǐ yǒu kuàizi ma?

あなたは小銭を持っていますか。
你 有 零钱 吗?
Nǐ yǒu língqián ma?

あなたは用事がありますか。
你 有 事儿 吗?
Nǐ yǒu shìr ma?

あなたは質問がありますか。
你 有 问题 吗?
Nǐ yǒu wèntí ma?

A: ありません。
没有。
Méiyǒu.

答えてみましょう

Q: おひまがありますか。
你 有 空儿 吗?
Nǐ yǒu kòngr ma?

A: ひまがありません。
没有 空儿。
Méiyǒu kòngr.

ごめんなさい、私はひまがありません。
对不起，我 没有 空儿。
Duìbuqǐ, wǒ méiyǒu kòngr.

今、私はひまがありません。また明日にしましょう。
现在 我 没有 空儿。明天 再 说 吧。
Xiànzài wǒ méiyǒu kòngr. Míngtiān zài shuō ba.

筷子 (kuàizi) お箸　　零钱 (língqián) 小銭
事儿 (shìr) 用事　　问题 (wèntí) 問題、質問
空儿 (kòngr) 空いた時間や場所　　再 (zài) また、再び　　说 (shuō) 話す

93

5 あなたは何を買いたいですか。
私は景泰藍(けいたいらん)(銅製の七宝焼き)を買いたいです。

願望の助動詞 "想"（肯定形）

079

あなた したい 買う 何
你 想 买 什么?
Nǐ xiǎng mǎi shénme?
ニィ シアン マイ シェンマ

私 したい 買う 七宝焼き
我 想 买 景泰蓝。
Wǒ xiǎng mǎi Jǐngtàilán.
ウォ シアン マイ ジィンタイラン

超 基本文型

主語 ＋ 想(xiǎng / シアン) ＋ 動詞 ＋ 目的語 。（～は○○を…したい）

「考える・思う」という意味の動詞"想"は他の動詞の前につけると「～したい」という願望の意味を表すことができます。相手の要望を聞いたり、自分の要望を伝えることができる非常に役立つ表現です。

超カンタン会話

あなたはどこに行きたいですか。

あなた	したい	行く	どこ
你	想	去	哪儿?
Nǐ	xiǎng	qù	nǎr?
ニィ	シアン	チュィ	ナァール

私は故宮に行きたいです。

私	したい	行く	故宮
我	想	去	故宫。
Wǒ	xiǎng	qù	Gùgōng.
ウォ	シアン	チュィ	グゥゴォン

あなたは餃子が食べたいですか。

あなた	したい	食べる	餃子	か
你	想	吃	饺子	吗?
Nǐ	xiǎng	chī	jiǎozi	ma?
ニィ	シアン	チー	ジアオヅ	マァ

私は餃子が食べたいです。

私	したい	食べる	餃子
我	想	吃	饺子。
Wǒ	xiǎng	chī	jiǎozi.
ウォ	シアン	チー	ジアオヅ

95

超 カンタンおしゃべりワイド 🎧 081

質問やその答え方を少しずつふくらましていきましょう。

あなたは見ますか。
→
你 看 吗?
Nǐ kàn ma?
ニィ カン マァ

私は見ます。
→
我 看。
Wǒ kàn.
ウオ カン

あなたは見たいですか。
→
你 想 看 吗?
Nǐ xiǎng kàn ma?
ニィ シアン カン マァ

私は見たいです。
→
我 想 看。
Wǒ xiǎng kàn.
ウオ シアン カン

あなたは映画を見たいですか。
→
你 想 看 电影 吗?
Nǐ xiǎng kàn diànyǐng ma?
ニィ シアン カン ディエンイィン マァ

私は映画を見たいです。
→
我 想 看 电影。
Wǒ xiǎng kàn diànyǐng.
ウオ シアン カン ディエンイィン

あなたは中国映画を見たいですか。
→
你 想 看 中国 电影 吗?
Nǐ xiǎng kàn Zhōngguó diànyǐng ma?
ニィ シアン カン ヂォングゥオ ディエンイィン マァ

私は中国映画を見たいです。
→
我 想 看 中国 电影。
Wǒ xiǎng kàn Zhōngguó diànyǐng.
ウオ シアン カン ヂォングゥオ ディエンイィン

超 カンタンきいて！こたえて！ 🔊 082

質問してみましょう

あなたはフルーツを食べたいですか。
你想吃水果吗?
Nǐ xiǎng chī shuǐguǒ ma?

あなたはこれを買いたいですか。
你想买这个吗?
Nǐ xiǎng mǎi zhèige ma?

あなたは両替したいですか。
你想换钱吗?
Nǐ xiǎng huànqián ma?

あなたは写真を撮りたいですか。
你想拍照片吗?
Nǐ xiǎng pāi zhàopiàn ma?

→

私はフルーツを食べたいです。
我想吃水果。
Wǒ xiǎng chī shuǐguǒ.

私はこれを買いたいです。
我想买这个。
Wǒ xiǎng mǎi zhèige.

私は両替したいです。
我想换钱。
Wǒ xiǎng huànqián.

私は写真を撮りたいです。
我想拍照片。
Wǒ xiǎng pāi zhàopiàn.

答えてみましょう

あなたは何がしたいですか。
你想做什么?
Nǐ xiǎng zuò shénme?

→

私はカラオケがしたいです。
我想唱卡拉OK。
Wǒ xiǎng chàng kǎlā-OK.

私は寝たいです。
我想睡觉。
Wǒ xiǎng shuìjiào.

私は広東語を勉強したいです。
我想学广东话。
Wǒ xiǎng xué Guǎngdōnghuà.

水果 (shuǐguǒ) 果物　　换钱 (huànqián) 両替する　　拍 (pāi)（写真やビデオなどを）撮る
照片 (zhàopiàn) 写真　　唱 卡拉OK (chàng kǎlā-OK) カラオケを歌う
睡觉 (shuìjiào) 寝る　　广东话 (Guǎngdōnghuà) 広東語

6 あなたはテレビを見たいですか。
私はテレビを見たくありません。

願望の助動詞 "想"（否定形）

083

あなた　したい　見る　テレビ　か
你 想 看 电视 吗?
Nǐ xiǎng kàn diànshì ma?
ニィ　シアン　カン　ディエンシー　マァ

私　したくない　見る　テレビ
我 不想 看 电视。
Wǒ bù xiǎng kàn diànshì.
ウオ　ブゥシアン　カン　ディエンシー

超 基本文型

主語 ＋ **不想** ＋ 動詞 ＋ 目的語 。
　　　　bù xiǎng
　　　　ブゥシアン

（〜は○○を…したくない）

「〜したくない」という願望の否定を表す場合、否定の "不" を動詞の前に置くのではなく、助動詞 "想" の前に置いて "不想" と表現しなければなりません。

超カンタン会話

あなたはトレーニングしたいですか。

あなた	したい	鍛える	体	か
你	**想**	锻炼	身体	吗?
Nǐ	xiǎng	duànliàn	shēntǐ	ma?
ニィ	シアン	ドワンリエン	シェンティ	マァ

私はトレーニングしたくありません。

私	したくない	鍛える	体
我	**不 想**	锻炼	身体。
Wǒ	bù xiǎng	duànliàn	shēntǐ.
ウォ	ブゥシアン	ドワンリエン	シェンティ

あなたは山登りをしたいですか。

あなた	したい	登る	山	か
你	**想**	爬	山	吗?
Nǐ	xiǎng	pá	shān	ma?
ニィ	シアン	パァシャン		マァ

私は山登りをしたくありません。

私	したくない	登る	山
我	**不 想**	爬	山。
Wǒ	bù xiǎng	pá	shān.
ウォ	ブゥシアン	パァシャン	

超 カンタンおしゃべりワイド 🎧085

質問やその答え方を少しずつふくらましていきましょう。

あなたは食べますか。
→ 你 吃 吗?
Nǐ chī ma?
ニィ チー マァ

私は食べません。
→ 我 不 吃。
Wǒ bù chī.
ウオ ブゥ チー

あなたは食べたいですか。
→ 你 想 吃 吗?
Nǐ xiǎng chī ma?
ニィ シアン チー マァ

私は食べたくありません。
→ 我 不 想 吃。
Wǒ bù xiǎng chī.
ウオ ブゥシアン チー

あなたは食事をしたいですか。
→ 你 想 吃 饭 吗?
Nǐ xiǎng chī fàn ma?
ニィ シアン チーファン マァ

私は食事をしたくありません。
→ 我 不 想 吃 饭。
Wǒ bù xiǎng chī fàn.
ウオ ブゥシアン チーファン

あなたは今、昼食を食べたいですか。
→ 你 现在 想 吃 午饭 吗?
Nǐ xiànzài xiǎng chī wǔfàn ma?
ニィ シエンヅァイ シアン チー ウゥファン マァ

私は今、昼食を食べたくありません。
→ 我 现在 不 想 吃 午饭。
Wǒ xiànzài bù xiǎng chī wǔfàn.
ウオ シエンヅァイ ブゥシアン チー ウゥファン

超 カンタンきいて！こたえて！ 086

質問してみましょう

あなたはお菓子を食べたいですか。
你 想 吃 点心 吗?
Nǐ xiǎng chī diǎnxin ma?

私は食べたくありません。
我 不 想 吃。
Wǒ bù xiǎng chī.

あなたはお寺を拝観したいですか。
你 想 参观 寺庙 吗?
Nǐ xiǎng cānguān sìmiào ma?

私はお寺を拝観したくありません。
我 不 想 参观 寺庙。
Wǒ bù xiǎng cānguān sìmiào.

あなたはバイクに乗りたいですか。
你 想 骑 摩托车 吗?
Nǐ xiǎng qí mótuōchē ma?

私はバイクに乗りたくありません。
我 不 想 骑 摩托车。
Wǒ bù xiǎng qí mótuōchē.

あなたは病院に行きたいですか。
你 想 去 医院 吗?
Nǐ xiǎng qù yīyuàn ma?

私は病院に行きたくありません。
我 不 想 去 医院。
Wǒ bù xiǎng qù yīyuàn.

答えてみましょう

あなたはビールを飲みたいですか。
你 想 喝 啤酒 吗?
Nǐ xiǎng hē píjiǔ ma?

私は飲みたくありません。
我 不 想 喝。
Wǒ bù xiǎng hē.

私は今、ビールを飲みたくありません。
我 现在 不 想 喝 啤酒。
Wǒ xiànzài bù xiǎng hē píjiǔ.

私はビールを飲みたくありません。ワインが飲みたいです。
我 不 想 喝 啤酒, 想 喝 葡萄酒。
Wǒ bù xiǎng hē píjiǔ, xiǎng hē pútaojiǔ.

点心 (diǎnxin) お菓子、点心　　参观 (cānguān) 見学する、参観する
寺庙 (sìmiào) 寺院　　骑 (qí)（またがって）乗る
摩托车 (mótuōchē) オートバイ　　医院 (yīyuàn) 病院

101

7

彼はどこにいますか。
彼は天壇にいます。

所在の表現（肯定形）

🎧 087

彼　　いる　　どこ
他 在 哪儿?
Tā　zài　nǎr?
タァ　ヅァイ　ナァール

彼　　いる　　天壇
他 在 天坛。
Tā　zài　Tiāntán.
タァ　ヅァイ　ティエンタン

超 基本文型

主語 ＋ **在** ＋ 場所 。　　（～は○○にいる・ある）
　　　　zài
　　　　ヅァイ

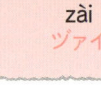

人やものの所在を表すのが動詞"在"です。この1語で主語が「人」の場合は「います」、「もの・建物」などが主語の場合は「あります」のようにどちらにも訳せます。「主語＋在＋目的語」の語順で、目的語には場所に関する名詞を置きます。

超カンタン会話

トイレはどこにありますか。

トイレ	ある	どこ
厕所	在	哪儿？
Cèsuǒ	zài	nǎr?
ツァスゥオ	ヅァイ	ナァール

トイレはあそこにあります。

トイレ	ある	あそこ
厕所	在	那儿。
Cèsuǒ	zài	nàr.
ツァスゥオ	ヅァイ	ナァール

和平ホテルはどこにありますか。

和平ホテル	ある	どこ
和平 饭店	在	哪儿？
Hépíng fàndiàn	zài	nǎr?
ホァピィンファンディエン	ヅァイ	ナァール

和平ホテルは外灘のそばにあります。

和平ホテル	ある	外灘	そば
和平 饭店	在	外滩	旁边儿。
Hépíng fàndiàn	zài	Wàitān	pángbiānr.
ホァピィンファンディエン	ヅァイ	ワイタン	パァンビィアール

103

超カンタンおしゃべりワイド 089

質問やその答え方を少しずつふくらましていきましょう。

いますか。
→ **在** 吗?
Zài ma?
ヅァイ マァ

います。
→ **在**。
Zài.
ヅァイ

彼はいますか。
→ 他 **在** 吗?
Tā zài ma?
タァ ヅァイ マァ

彼はいます。
→ 他 **在**。
Tā zài.
タァ ヅァイ

彼は会社にいますか。
→ 他 **在** 公司 吗?
Tā zài gōngsī ma?
タァ ヅァイ ゴォンスー マァ

彼は会社にいます。
→ 他 **在** 公司。
Tā zài gōngsī.
タァ ヅァイ ゴォンスー

彼は今、会社にいますか。
→ 他 现在 **在** 公司 吗?
Tā xiànzài zài gōngsī ma?
タァ シエンヅァイ ヅァイ ゴォンスー マァ

彼は今、会社にいます。
→ 他 现在 **在** 公司。
Tā xiànzài zài gōngsī.
タァ シエンヅァイ ヅァイ ゴォンスー

超 カンタンきいて！こたえて！ 090

質問してみましょう

洋子さんは北京にいますか。
洋子 在 北京 吗?
Yángzǐ zài Běijīng ma?

妹は家にいますか。
妹妹 在 家 吗?
Mèimei zài jiā ma?

お母さんはスーパーにいますか。
妈妈 在 超市 吗?
Māma zài chāoshì ma?

彼女はどこにいますか。
她 在 哪儿?
Tā zài nǎr?

彼女は北京にいます。
她 在 北京。
Tā zài Běijīng.

彼女は家にいます。
她 在 家。
Tā zài jiā.

彼女はスーパーにいます。
她 在 超市。
Tā zài chāoshì.

彼女はグラウンドにいます。
她 在 操场。
Tā zài cāochǎng.

答えてみましょう

あなたたちの大学はどこにありますか。
你们 大学 在 哪儿?
Nǐmen dàxué zài nǎr?

私たちの大学は京都にあります。
我们 大学 在 京都。
Wǒmen dàxué zài Jīngdū.

天津にあります。
在 天津。
Zài Tiānjīn.

私たちの大学は東京の西のほうにあります。
我们 大学 在 东京 的 西边儿。
Wǒmen dàxué zài Dōngjīng de xībianr.

超市 (chāoshì) スーパーマーケット　　操场 (cāochǎng) グラウンド
京都 (Jīngdū) 京都　　天津 (Tiānjīn) 天津

105

8 彼は家にいますか。
彼は家にいません。

所在の表現（否定形）　　　091

彼　いる　家　か
他 在 家 吗?
Tā zài jiā ma?
タァ ヅァイ ジア マァ

彼　いない　家
他 不 在 家。
Tā bú zài jiā.
タァ ブゥヅァイ ジア

超 基本文型

主語 ＋ **不在** ＋ 場所 。　　（～は○○にいない・ない）
　　　　bú zài
　　　　ブゥヅァイ

所在を表す動詞"在"を否定する場合、否定の"不"を前につけて"不在"とし、主語がその場所に（モノなどの場合は）「ない」、(人の場合は)「いない」ということを表します。

超カンタン会話 092

郵便局はあそこにありますか。

郵便局　ある　あそこ　か
邮局 在 那儿 吗?
Yóujú zài nàr ma?
ヨウジュィ　ヅァイ　ナァール　マァ

郵便局はあそこにはありません。

郵便局　ない　あそこ
邮局 不 在 那儿。
Yóujú bú zài nàr.
ヨウジュィ　ブゥヅァイ　ナァール

あなたの実家は大連にあるのですか。

あなた　実家　ある　大連　か
你 老家 在 大连 吗?
Nǐ lǎojiā zài Dàlián ma?
ニィラオジア　ヅァイ　ダァリエン　マァ

私の実家は大連ではなく、瀋陽にあります。

私　実家　ない　大連　ある　瀋陽
我 老家 不 在 大连, 在 沈阳。
Wǒ lǎojiā bú zài Dàlián, zài Shěnyáng.
ウオラオジア　ブゥヅァイ　ダァリエン　ヅァイ　シェンヤン

超カンタンおしゃべりワイド　093

質問やその答え方を少しずつふくらましていきましょう。

いますか。
→ 在 吗?
Zài ma?
ヅァイ マァ

いません。
→ 不 在。
Bú zài.
ブゥヅァイ

先生はいますか。
→ 老师 在 吗?
Lǎoshī zài ma?
ラオシー ヅァイ マァ

先生はいません。
→ 老师 不 在。
Lǎoshī bú zài.
ラオシー ブゥヅァイ

先生は研究室にいますか。
→ 老师 在 办公室 吗?
Lǎoshī zài bàngōngshì ma?
ラオシー ヅァイ バンゴォンシー マァ

先生は研究室にいません。
→ 老师 不 在 办公室。
Lǎoshī bú zài bàngōngshì.
ラオシー ブゥヅァイ バンゴォンシー

張先生は研究室にいますか。
→ 张 老师 在 办公室 吗?
Zhāng lǎoshī zài bàngōngshì ma?
チャアンラオシー ヅァイ バンゴォンシー マァ

張先生は研究室にいません。今、2号館にいます。
→ 张 老师 不 在 办公室。现在 他 在 二 号 馆。
Zhāng lǎoshī bú zài bàngōngshì. Xiànzài tā zài èr hào guǎn.
チャアンラオシー ブゥヅァイ バンゴォンシー シエンヅァイ タァ ヅァイ アルハオグワン

108

超 カンタンきいて！こたえて！ 🔊 094

質問してみましょう

彼は公園にいますか。
他 在 公园 吗?
Tā zài gōngyuán ma?

父さんは食堂にいますか。
爸爸 在 食堂 吗?
Bàba zài shítáng ma?

あなたの弟はアメリカにいますか。
你 弟弟 在 美国 吗?
Nǐ dìdi zài Měiguó ma?

彼は今、いますか。
他 现在 在 吗?
Tā xiànzài zài ma?

→

彼は公園にいません。
他 不 在 公园。
Tā bú zài gōngyuán.

父さんは食堂にいません。
爸爸 不 在 食堂。
Bàba bú zài shítáng.

私の弟はアメリカにいません。
我 弟弟 不 在 美国。
Wǒ dìdi bú zài Měiguó.

彼は今、いません。
他 现在 不 在。
Tā xiànzài bú zài.

答えてみましょう

田中さんはここにいますか。
田中 在 这儿 吗?
Tiánzhōng zài zhèr ma?

→

彼はいません。
他 不 在。
Tā bú zài.

田中さんはここにおりません。あそこにいます。
田中 不 在 这儿。他 在 那儿。
Tiánzhōng bú zài zhèr. Tā zài nàr.

彼はいません。何か用事があるのですか。
他 不 在。有 什么 事?
Tā bú zài. Yǒu shénme shì?

公园 (gōngyuán) 公園
食堂 (shítáng) 食堂
美国 (Měiguó) アメリカ

9 あなたはインターネットをするのが好きですか。
私はインターネットをするのが好きです。

動詞"喜欢"（肯定形） 095

あなた　好き　インターネットする　か
你 喜欢 上网 吗?
Nǐ　xǐhuan　shàngwǎng　ma?
ニィ　シィホワン　シャンワァン　マァ

私　　好き　　インターネットする
我 喜欢 上网。
Wǒ　xǐhuan　shàngwǎng.
ウオ　シィホワン　シャンワァン

超 基本文型

主語 ＋ **喜欢** ＋ 動詞 ＋ 目的語 。
　　　　xǐhuan
　　　　シィホワン

（〜は○○を…するのが好きです）

「〜が好きです、〜するのが好きです」という場合、動詞"喜欢"を使います。動詞"喜欢"の目的語には①「名詞」や②「動詞句（動詞＋目的語）」のいずれかの形をとります。基本的に「動詞＋目的語」を置きますが、特に「〜する」と言えない「ものや人」などの場合は名詞だけが目的語であっても問題ありません。

超カンタン会話

あなたは何を飲むのが好きですか。

あなた	好き	飲む	何
你	喜欢	喝	什么?
Nǐ	xǐhuan	hē	shénme?
ニィ	シィホワン	ホァ	シェンマ

私はお茶を飲むのが好きです。

私	好き	飲む	茶
我	喜欢	喝	茶。
Wǒ	xǐhuan	hē	chá.
ウオ	シィホワン	ホァ	チァア

あなたは中華料理を食べるのが好きですか。

あなた	好き	食べる	中華料理	か
你	喜欢	吃	中国 菜	吗?
Nǐ	xǐhuan	chī	Zhōngguó cài	ma?
ニィ	シィホワン	チー	ヂォングゥオツァイ	マァ

私は中華料理を食べるのが好きです。

私	好き	食べる	中華料理
我	喜欢	吃	中国 菜。
Wǒ	xǐhuan	chī	Zhōngguó cài.
ウオ	シィホワン	チー	ヂォングゥオツァイ

超カンタンおしゃべりワイド 🎧097

質問やその答え方を少しずつふくらましていきましょう。

好きですか。
→
喜欢 吗?
Xǐhuan ma?
シィホワン マァ

好きです。
→
喜欢。
Xǐhuan.
シィホワン

あなたは好きですか。
→
你 **喜欢** 吗?
Nǐ xǐhuan ma?
ニィ シィホワン マァ

私は好きです。
→
我 **喜欢**。
Wǒ xǐhuan.
ウオ シィホワン

あなたは本を読むのが好きですか。
→
你 **喜欢** 看 书 吗?
Nǐ xǐhuan kàn shū ma?
ニィ シィホワン カンシュウ マァ

私は本を読むのが好きです。
→
我 **喜欢** 看 书。
Wǒ xǐhuan kàn shū.
ウオ シィホワン カンシュウ

あなたは何の本を読むのが好きですか。
→
你 **喜欢** 看 什么 书?
Nǐ xǐhuan kàn shénme shū?
ニィ シィホワン カン シェンマシュゥ

私は小説を読むのが好きです。
→
我 **喜欢** 看 小说。
Wǒ xǐhuan kàn xiǎoshuō.
ウオ シィホワン カン シアオシュオ

超 カンタンきいて！こたえて！ 🎧 098

質問してみましょう

あなたはスイーツが好きですか。
你 喜欢 吃 甜品 吗?
Nǐ xǐhuan chī tiánpǐn ma?

あなたは雑技が好きですか。
你 喜欢 看 杂技 吗?
Nǐ xǐhuan kàn zájì ma?

あなたはスキーが好きですか。
你 喜欢 滑雪 吗?
Nǐ xǐhuan huáxuě ma?

あなたはドライブが好きですか。
你 喜欢 兜风 吗?
Nǐ xǐhuan dōufēng ma?

私は好きです。
我 喜欢。
Wǒ xǐhuan.

答えてみましょう

あなたは何色が好きですか。
你 喜欢 什么 颜色?
Nǐ xǐhuan shénme yánsè?

私は黒が好きです。
我 喜欢 黑色。
Wǒ xǐhuan hēisè.

私は赤が好きです。ゴールドも好きです。
我 喜欢 红色，也 喜欢 金色。
Wǒ xǐhuan hóngsè, yě xǐhuan jīnsè.

青と白、私はどちらも好きです。
蓝色 和 白色，我 都 喜欢。
Lánsè hé báisè, wǒ dōu xǐhuan.

甜品 (tiánpǐn) デザート、スイーツ 　　 杂技 (zájì) 雑技 　　 滑雪 (huáxuě) スキーをする
兜风 (dōufēng) ドライブをする 　　 颜色 (yánsè) 色 　　 黑色 (hēisè) 黒
红色 (hóngsè) 赤 　　 金色 (jīnsè) 金色 　　 蓝色 (lánsè) 青 　　 白色 (báisè) 白

113

10 あなたはパクチーが好きですか。
私はパクチーが好きではありません。

動詞 "喜欢"（否定形） 🔊 099

あなた 好き 食べる パクチー か
你 喜欢 吃 香菜 吗?
Nǐ xǐhuan chī xiāngcài ma?
ニィ シィホワン チー シアンツァイ マァ

私　好きでない　食べる　パクチー
我 不 喜欢 吃 香菜。
Wǒ bù xǐhuan chī xiāngcài.
ウオ ブゥシィホワン チー シアンツァイ

超 基本文型

主語 ＋ **不喜欢** ＋ 動詞 ＋ 目的語 。
　　　　bù xǐhuan
　　　　ブゥシィホワン
　　　　　　（〜は○○を…するのが好きです）

「〜が好きではない、〜するのが好きではない」という意味を表したいときには動詞 "喜欢" の前に否定の "不" を置き "不喜欢" とします。"不喜欢" の後ろには肯定形同様、「動詞＋目的語」の形を置きますが、特に「〜する」と言えない「ものや人」などの場合は名詞だけでもかまいません。

超カンタン会話

彼は料理をするのが好きですか。

彼	好き	作る	料理	か
他	喜欢	做	菜	吗?
Tā	xǐhuan	zuò	cài	ma?
タァ	シィホワン	ヅゥオツァイ	マァ	

彼は料理をするのが好きではありません。

彼	好きでない	作る	料理
他	不 喜欢	做	菜。
Tā	bù xǐhuan	zuò	cài.
タァ	ブゥシィホワン	ヅゥオツァイ	

あなたは彼が好きですか。

あなた	好き	彼	か
你	喜欢	他	吗?
Nǐ	xǐhuan	tā	ma?
ニィ	シィホワン	タァ	マァ

私は彼が好きではありません。

私	好きでない	彼
我	不 喜欢	他。
Wǒ	bù xǐhuan	tā.
ウオ	ブゥシィホワン	タァ

超 カンタンおしゃべりワイド 🎧101

質問やその答え方を少しずつふくらましていきましょう。

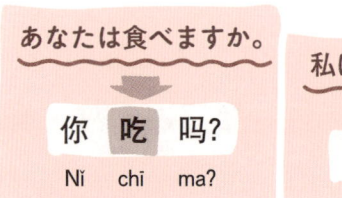

あなたは食べますか。
→
你 吃 吗?
Nǐ chī ma?
ニィ チー マァ

私は食べます。
→
我 吃。
Wǒ chī.
ウオ チー

あなたは肉を食べますか。
→
你 吃 肉 吗?
Nǐ chī ròu ma?
ニィ チー ロォウ マァ

私は肉を食べます。
→
我 吃 肉。
Wǒ chī ròu.
ウオ チー ロォウ

あなたは肉が好きですか。
→
你 喜欢 吃 肉 吗?
Nǐ xǐhuan chī ròu ma?
ニィ シィホワン チー ロォウ マァ

私は肉が好きではありません。
→
我 不 喜欢 吃 肉。
Wǒ bù xǐhuan chī ròu.
ウオ ブゥ シィホワン チー ロォウ

あなたは何の肉が好きですか。
→
你 喜欢 吃 什么 肉?
Nǐ xǐhuan chī shénme ròu?
ニィ シィホワン チー チェンマ ロォウ

豚肉と牛肉はどちらも好きではありません。
私は鶏肉が好きです。
→
猪肉 和 牛肉, 我 都 不 喜欢。我 喜欢 吃 鸡肉。
Zhūròu hé niúròu, wǒ dōu bù xǐhuan. Wǒ xǐhuan chī jīròu.
ヂュウロォウ ホァ ニゥロォウ ウオ ドウ ブゥ シィホワン ウオ シィホワン チー ジィロォウ

116

超 カンタンきいて！こたえて！ 🎧102

質問してみましょう

あなたは街をぶらぶら歩くのが好きですか。
你 喜欢 逛街 吗?
Nǐ xǐhuan guàngjiē ma?

あなたはジェットコースターに乗るのが好きですか。
你 喜欢 坐 过山车 吗?
Nǐ xǐhuan zuò guòshānchē ma?

あなたは辛いのを食べるのが好きですか。
你 喜欢 吃 辣 的 吗?
Nǐ xǐhuan chī là de ma?

あなたはマージャンが好きですか。
你 喜欢 打 麻将 吗?
Nǐ xǐhuan dǎ májiàng ma?

私は好きではありません。
我 不 喜欢。
Wǒ bù xǐhuan.

答えてみましょう

あなたは運動が好きですか。
你 喜欢 运动 吗?
Nǐ xǐhuan yùndòng ma?

私は運動が好きではありません。
我 不 喜欢 运动。
Wǒ bù xǐhuan yùndòng.

私は小さいころから運動が好きではありませんでした。
我 从 小 不 喜欢 运动。
Wǒ cóng xiǎo bù xǐhuan yùndòng.

運動は好きではないのですが、水泳だけは好きです。
我 不 喜欢 运动，只 喜欢 游泳。
Wǒ bù xǐhuan yùndòng, zhǐ xǐhuan yóuyǒng.

逛街 (guàng jiē) 街をぶらつく　　坐 (zuò)（乗り物に）乗る、座る
过山车 (guòshānchē) ジェットコースター　　辣 (là) からい　　打 麻将 (dǎ májiàng) マージャンをする
运动 (yùndòng) 運動する　　从 小 (cóng xiǎo) 小さいころから　　只 (zhǐ) ただ〜のみ、〜だけ

11 彼は来ましたか。
彼は来ました。

（完了・実現・変化）

彼　来る　しました　か
他 来 了 吗?
Tā　lái　le　ma?
タァ　ライルァ　マァ

彼　来る　しました
他 来 了。
Tā　lái　le.
タァ　ライルァ

超 基本文型

- 主語 ＋ 動詞 ＋ 了 。　（〜は…しました）
  le
  ルァ

- 主語 ＋ 動詞 ＋ 目的語 ＋ 了 。（〜は○○を…しました）
  le
  ルァ

いらっしゃい！

その動作や行為が既に実現・完了した、あるいはその状況に変化したということを表すには文末に"了"をつけます。語順は「動詞＋"了"」、「動詞＋目的語＋"了"」という形になり、「〜しました」、「〜になりました」という意味になります。

超 カンタン会話 🔊104

あなたは朝食を食べましたか。

あなた	食べる	朝食	しました	か
你	吃	早饭	了	吗?
Nǐ	chī	zǎofàn	le	ma?
ニィ	チー	ヅァオファン	ルァ	マァ

私は朝食を食べました。

私	食べる	朝食	しました
我	吃	早饭	了。
Wǒ	chī	zǎofàn	le.
ウオ	チー	ヅァオファン	ルァ

彼女はどこに行きましたか。

彼女	行く	どこ	しました
她	去	哪儿	了?
Tā	qù	nǎr	le?
タァ	チュィ	ナァー	ルァ

彼女はスーパーに行きました。

彼女	行く	スーパー	しました
她	去	超市	了。
Tā	qù	chāoshì	le.
タァ	チュィ	チャオシー	ルァ

超 カンタンおしゃべりワイド　🔊 105

質問やその答え方を少しずつふくらましていきましょう。

あなたは飲みますか。
→
你 喝 吗?
Nǐ hē ma?
ニィ ホァ マァ

私は飲みます。
→
我 喝。
Wǒ hē.
ウォ ホァ

あなたはコーヒーを飲みますか。
→
你 喝 咖啡 吗?
Nǐ hē kāfēi ma?
ニィ ホァ カァフェイ マァ

私はコーヒーを飲みます。
→
我 喝 咖啡。
Wǒ hē kāfēi.
ウォ ホァ カァフェイ

あなたはコーヒーを飲みましたか。
→
你 喝 咖啡 了 吗?
Nǐ hē kāfēi le ma?
ニィ ホァ カァフェイ ルァ マァ

私はコーヒーを飲みました。
→
我 喝 咖啡 了。
Wǒ hē kāfēi le.
ウォ ホァ カァフェイ ルァ

あなたは今朝、コーヒーを飲みましたか。
→
你 今天 早上 喝 咖啡 了 吗?
Nǐ jīntiān zǎoshang hē kāfēi le ma?
ニィ ジンティエン ヅァオシァン ホァ カァフェイ ルァ マァ

私は今朝、コーヒーを飲みました。
→
我 今天 早上 喝 咖啡 了。
Wǒ jīntiān zǎoshang hē kāfēi le.
ウォ ジンティエン ヅァオシァン ホァ カァフェイ ルァ

超カンタン きいて！こたえて！ 🎧 106

質問してみましょう

あなたは電話しましたか。
你 打 电话 了 吗?
Nǐ dǎ diànhuà le ma?

彼は出張しましたか。
他 出差 了 吗?
Tā chūchāi le ma?

あなたは料理を注文しましたか。
你 点 菜 了 吗?
Nǐ diǎn cài le ma?

赤ちゃんは寝ましたか。
宝宝 睡觉 了 吗?
Bǎobao shuìjiào le ma?

→

私は電話しました。
我 打 电话 了。
Wǒ dǎ diànhuà le.

彼は出張しました。
他 出差 了。
Tā chūchāi le.

私は料理を注文しました。
我 点 菜 了。
Wǒ diǎn cài le.

赤ちゃんは寝ました。
宝宝 睡觉 了。
Bǎobao shuìjiào le.

答えてみましょう

あなたは何を買いましたか。
你 买 什么 了?
Nǐ mǎi shénme le?

→

私はズボンを買いました。
我 买 裤子 了。
Wǒ mǎi kùzi le.

私は今日、お土産を買いました。
我 今天 买 土产 了。
Wǒ jīntiān mǎi tǔchǎn le.

私は絵葉書を買いました。きれいでしょう？
我 买 美术 明信片 了。漂亮 吧?
Wǒ mǎi měishù míngxìnpiàn le. Piàoliang ba?

打 电话 (dǎ diànhuà) 電話をかける　　出差 (chūchāi) 出張する　　点 菜 (diǎn cài) 料理を注文する
宝宝 (bǎobao) 赤ちゃん　　裤子 (kùzi) ズボン　　土产 (tǔchǎn) お土産
美术 明信片 (měishù míngxìnpiàn) 絵葉書　　漂亮 (piàoliang) 美しい　　吧 (ba) 〜でしょう

12 あなたは買いましたか。 私は買っていません。

（実現・完了の否定）

> あなた 買う しました か
> **你 买 了 吗?**
> Nǐ mǎi le ma?
> ニィ マイルァ マァ

> 私 していない 買う
> **我 没 买。**
> Wǒ méi mǎi.
> ウオ メイマイ

超 基本文型

主語 ＋ **没（有）** ＋ 動詞 ＋ 目的語 。
　　　　méi(yǒu)
　　　　メイ（ヨウ）

（〜は○○を…しなかった、していません）
×"了"はいりません

実現・完了の"了"を否定する場合、動詞の前に"没（有）"を置き、「〜しなかった、〜していない」という意味を表します。この"没（有）"には動作の発生を否定する意味があるため、文末に"了"を置く必要はありません。

超カンタン会話 108

あなたは宿題をやりましたか。

あなた	する	宿題	しました	か
你	做	作业	了	吗?
Nǐ	zuò	zuòyè	le	ma?
ニィ	ヅゥオ	ヅゥオイエ	ルァ	マァ

私は宿題をやっていません。

私	していない	する	宿題
我	没	做	作业。
Wǒ	méi	zuò	zuòyè.
ウオ	メイ	ヅゥオ	ヅゥオイエ

彼はオーバーを着ましたか。

彼	着る	オーバー	した	か
他	穿	大衣	了	吗?
Tā	chuān	dàyī	le	ma?
タァ	チュワン	ダァイィ	ルァ	マァ

彼はオーバーを着ていませんでした。

彼	着なかった	オーバー
他	没	穿	大衣。
Tā	méi	chuān	dàyī.
タァ	メイ	チュワン	ダァイィ

超 カンタンおしゃべりワイド 🎧109

質問やその答え方を少しずつふくらましていきましょう。

彼は行きますか。
→ 他 去 吗?
Tā qù ma?
タァ チュイ マァ

彼は行きません。
→ 他 不 去。
Tā bú qù.
タァ ブゥチュイ

彼は行きましたか。
→ 他 去 了 吗?
Tā qù le ma?
タァ チュイルァ マァ

彼は行っていません。
→ 他 没 去。
Tā méi qù.
タァ メイチュイ

彼は万里の長城に行きましたか。
→ 他 去 长城 了 吗?
Tā qù Chángchéng le ma?
タァ チュイ チャアンチョンルァ マァ

彼は万里の長城に行っていません。
→ 他 没 去 长城。
Tā méi qù Chángchéng.
タァ メイチュイ チャアンチョン

彼は今年、万里の長城に行きましたか。
→ 他 今年 去 长城 了 吗?
Tā jīnnián qù Chángchéng le ma?
タァ ジンニエン チュイ チャアンチョンルァ マァ

彼は今年、万里の長城に行きませんでした。
→ 他 今年 没 去 长城。
Tā jīnnián méi qù Chángchéng.
タァ ジンニエン メイチュイ チャアンチョン

超 カンタンきいて！こたえて！ 🔘 110

質問してみましょう

あなたはレポートを書きましたか。
你 写 报告 了 吗?
Nǐ xiě bàogào le ma?

あなたは天気予報を見ましたか。
你 看 天气 预报 了 吗?
Nǐ kàn tiānqì yùbào le ma?

あなたはひつじのしゃぶしゃぶを食べましたか。
你 吃 涮羊肉 了 吗?
Nǐ chī shuànyángròu le ma?

あなたは授業を受けましたか。
你 上课 了 吗?
Nǐ shàngkè le ma?

→

私はレポートを書いていません。
我 没 写 报告。
Wǒ méi xiě bàogào.

私は天気予報を見ていません。
我 没 看 天气 预报。
Wǒ méi kàn tiānqì yùbào.

私はひつじのしゃぶしゃぶを食べませんでした。
我 没 吃 涮羊肉。
Wǒ méi chī shuànyángròu.

私は授業を受けていません。
我 没 上课。
Wǒ méi shàngkè.

答えてみましょう

彼は今日来ましたか。
他 今天 来 了 吗?
Tā jīntiān lái le ma?

→

彼は今日、来ませんでした。
他 今天 没 来。
Tā jīntiān méi lái.

彼は今日来ませんでした。明日来ます。
他 今天 没 来。明天 来。
Tā jīntiān méi lái. Míngtiān lái.

彼は今日来ませんでした。今日は彼の友人が来ました。
他 今天 没 来。今天，他 朋友 来 了。
Tā jīntiān méi lái. Jīntiān, tā péngyou lái le.

写 (xiě) 書く　　报告 (bàogào) レポート　　天气预报 (tiānqì yùbào) 天気予報
涮羊肉 (shuànyángròu) ひつじのしゃぶしゃぶ　　上课 (shàngkè) 授業を受ける

125

13 私に地図をください。あげます。

動詞 "给"

> くれる 私 地図 ください
> **给 我 地图 吧。**
> Gěi wǒ dìtú ba.
> ゲイ ウオ ディートゥ バァ

> あげる
> **给。**
> Gěi.
> ゲイ

超 基本文型

给 + **我** + ○○ + **吧**。　（私に○○をください）
Gěi　wǒ　　　　ba
ゲイ　ウオ　　　　バァ

動詞 "给" は「あげる・くれる」という意味を表し、英語の「give」同様、目的語を2つとることができます。動詞 "给" の後ろに "我" を置いて "给我～吧。" とすれば「私に～をください」という要求を表すことができます。

超カンタン会話

私に新聞をください。

くれる	私	新聞	ください
给	我	报纸	吧 。
Gěi	wǒ	bàozhǐ	ba.
ゲイウオ		バオヂー	バァ

どうぞ（わたします）。

あげる
给 。
Gěi.
ゲイ

あなたはいくつほしいですか。

あなた	ほしい	いくつ	個
你	要	几	个？
Nǐ	yào	jǐ	ge?
ニィ	ヤオ		ジィグァ

私に3個ください。

くれる	私	3個		ください
给	我	三	个	吧 。
Gěi	wǒ	sān	ge	ba.
ゲイウオ		サングァ		バァ

127

超 カンタンおしゃべりワイド 🔊113

質問やその答え方を少しずつふくらましていきましょう。

あげます。
→ 给。
Gěi.
ゲイ

ありがとう。
→ 谢谢。
Xièxie.
シエシエ

私にください。
→ 给 我 吧。
Gěi wǒ ba.
ゲイウオ バァ

どうぞ（あげます）。
→ 给。
Gěi.
ゲイ

私にチケットをください。
→ 给 我 票 吧。
Gěi wǒ piào ba.
ゲイウオ ピアオ バァ

どうぞ（あげます）。
→ 给 你。
Gěi nǐ.
ゲイニィ

私にチケットを2枚ください。
→ 给 我 两 张 票。
Gěi wǒ liǎng zhāng piào.
ゲイウオ リアンヂャアンピアオ

1枚30元で、合わせて60元です。
→ 三十 块 一 张，一共 六十 块。
Sānshí kuài yì zhāng, yígòng liùshí kuài.
サンシークワイ イィヂァアン イィゴォン リウシークワイ

超カンタン きいて！こたえて！ 🎧 114

質問してみましょう

私にください。
给 我 吧。
Gěi wǒ ba.

私にお箸をください。
给 我 筷子 吧。
Gěi wǒ kuàizi ba.

私にシシカバブをください。
给 我 羊肉串 吧。
Gěi wǒ yángròuchuàn ba.

私に時間をくださいよ、いいですか？
给 我 时间，好 吗?
Gěi wǒ shíjiān, hǎo ma?

A: いいですよ。
好 的。
Hǎo de.

答えてみましょう

Q: 私にペンをください。
给 我 笔 吧。
Gěi wǒ bǐ ba.

A: どうぞ（わたします）。
给。
Gěi.

いいですよ。
好 的。
Hǎo de.

ごめんなさい。私はペンを持っていません。
对不起。我 没有 笔。
Duìbuqǐ. Wǒ méiyǒu bǐ.

羊肉串（yángròuchuàn）シシカバブ（羊肉の串焼き）
时间（shíjiān）時間

129

14 私はジャージャー麺を食べてもいいですか。
いいですよ。

許可の表現 🎧 115

私 食べる ジャージャー麺　　OK か
我 吃 炸酱面，可以 吗?
Wǒ chī zhájiàngmiàn, kěyǐ ma?
ウオ チー チャアジアンミエン クァイィマァ

OK
可以。
Kěyǐ.
クァイィ

超 基本文型

文 + **可以 吗** ?　　(文 してもいいですか)
　　　kěyǐ ma
　　　クァイィマァ

文末に"可以吗?"をつけると、「〜してもいいですか」という意味が加えられ、前の文に対する許可を求めることができます。その問いかけに承諾する場合は単独で"可以。"と答え、承諾しない場合は"不可以。"や"不行。"と答えましょう。

超カンタン会話 🔊 116

私たち一緒に行ってもいいですか。

私たち	一緒に	行く	OK	か
我们	一起	去，	可以	吗？
Wǒmen	yìqǐ	qù,	kěyǐ	ma？
ウオメン	イィチィ	チュイ	クァイィマァ	

いいですよ。

OK
可以。
Kěyǐ.
クァイィ

私はタバコを吸ってもいいですか。

私	タバコ吸う	OK	か
我	抽烟，	可以	吗？
Wǒ	chōuyān,	kěyǐ	ma？
ウオ	チョウイエン	クァイィマァ	

ダメです。

ダメ
不 行。
Bù xíng.
ブゥシィン

超 カンタンおしゃべりワイド　117

質問やその答え方を少しずつふくらましていきましょう。

あなたは座りますか。
→
你 坐 吗?
Nǐ zuò ma?
ニィ ヅゥオマァ

私は座ります。
→
我 坐。
Wǒ zuò.
ウォ ヅゥオ

あなたはここに座りますか。
→
你 坐 这儿 吗?
Nǐ zuò zhèr ma?
ニィ ヅゥオヂョァール マァ

私はここに座ります。
→
我 坐 这儿。
Wǒ zuò zhèr.
ウォ ヅゥオヂョァール

私はここに座ってもいいですか。
→
我 坐 这儿, 可以 吗?
Wǒ zuò zhèr, kěyǐ ma?
ウォ ヅゥオヂョァール クァイイマァ

いいですよ。
→
可以。
Kěyǐ.
クァイイ

すみません、私はこちらに座ってもよろしいでしょうか。
→
请问, 我 坐 这儿, 可以 吗?
Qǐngwèn, wǒ zuò zhèr, kěyǐ ma?
チィンウェン ウォ ヅゥオヂョァール クァイイマァ

いいですよ。
→
可以。
Kěyǐ.
クァイイ

超 カンタンきいて！こたえて！

質問してみましょう

ここに駐車してもいいですか。
这儿 停 车，可以 吗?
Zhèr tíng chē, kěyǐ ma?

小銭をもらってもいいですか。
给 我 零钱，可以 吗?
Gěi wǒ língqián, kěyǐ ma?

私は今、休憩してもいいですか。
我 现在 休息，可以 吗?
Wǒ xiànzài xiūxi, kěyǐ ma?

私は本を借りたいのですが、この本をお借りしてもいいですか。
我 想 借书。借 这 本 书，可以 吗?
Wǒ xiǎng jiè shū. Jiè zhè běn shū, kěyǐ ma?

いいですよ。
可以。
Kěyǐ.

答えてみましょう

私も行っていいですか。
我 也 去，可以 吗?
Wǒ yě qù, kěyǐ ma?

いいですよ。
可以。
Kěyǐ.

もちろんいいですよ。
当然 可以。
Dāngrán kěyǐ.

ダメです。座席がありません。
不 行。没有 座儿。
Bù xíng. Méiyǒu zuòr.

停 车（tíngchē）車をとめる　　休息（xiūxi）休憩する、休む
当然（dāngrán）もちろん、当然　　座儿（zuòr）座席

133

「おしゃべり」前のギャップ基礎知識

　中国人と話していると突然（あれっ？）と感じることや現地で驚くシーンに出くわすことがしばしばあります。そんな中国現地でのギャップ体験を参考までにいくつかご紹介したいと思います。

① 数が合わない！？

年齢：　お互いの年齢を聞きあって「同じ年だ」なんて意気投合していたら、よく聞くと実は相手が1歳年下だった…なんてことも。これは中国では年齢を「数え年」で表現するためで、2000年生まれの場合、中国では生まれた年を「1歳」とカウントするので2014年では「15歳」となります（同様の場合、日本では14歳）。

体重：　女の子同士がダイエットの話をしていたのか、体重が「100」あると耳にしてビックリ。そんなにありそうには見えませんが…。実はこれ、中国では体重を「キロ（＝公斤 gōngjīn）」で表現する以外に、500グラムを指す「斤（＝斤 jīn）」で表現することも多くあり、先の女子は「100斤」＝「50キロ」と言っていたのでした。

② あいさつ同様、お給料も

　初対面の方や少し仲良くなった店員さんと雑談するなかで、突如として給料を聞かれることがありました。私が日本人ということもあると思いますが、給料の話が出るのはごくごく当たり前のようです。その後は日本の高い物価の話をして…なんていう流れになりますので、数字をしっかり言えるようにしておくとおしゃべりも盛り上がりますよ。

③ 女性同士で手をつなぐ

　最初は驚きましたが、仲の良い女性同士がごく普通に手をつないで街を歩いています。男性同士は肩を組んで歩くパターンも見かけます。中国人の同性とこれくらい仲良くなれるといいですね。

④ 偽札のチェック

　あなたがショッピングの支払いに100元のような高額紙幣を使用すると、多くはその場で偽札かどうか鑑定されることになります。これは中国において100元の偽札が出回っているためしょうがないことなのですが、実際に目の前で鑑定機あるいは目視で入念にチェックされると少しショックを受けます。

超 基本おしゃべり場面

中国旅行で出会いそうなさまざまな場面の会話を集めました！ 中国に行ったつもりになって会話をまるごと覚えてしまいましょう！

1 初対面で

119

王：你 好！
Nǐ hǎo!
ニィハオ

佐藤：你 好！
Nǐ hǎo!
ニィハオ

王：你 是 哪 国 人？
Nǐ shì nǎ guó rén?
ニィ シー ナァ グゥオ ロェン

佐藤：我 是 日本人。
Wǒ shì Rìběnrén.
ウオ シー リーベンロェン

王：您 贵姓？
Nín guìxìng?
ニン グゥイシィン

佐藤：我 姓 佐藤，叫 佐藤 一郎。
Wǒ xìng Zuǒténg, jiào Zuǒténg Yīláng.
ウオ シィン ヅゥオテゥン ジアオ ヅゥオテゥン イィラァン

王：我 姓 王，叫 王 强。
Wǒ xìng Wáng, jiào Wáng Qiáng.
ウオ シィン ワァン ジアオ ワァン チアン

佐藤：初次 见面，请多 关照！
Chūcì jiànmiàn, qǐngduō guānzhào!
チュウツー ジエンミエン チィンドゥオ グワンヂャオ

王：也 请 你 多 关照。
Yě qǐng nǐ duō guānzhào.
イエ チィン ニィ ドゥオ グワンヂャオ

(訳) 王：こんにちは。
佐藤：こんにちは。
王：あなたはどこの国の人ですか。
佐藤：私は日本人です。
王：お名前は？
佐藤：私は佐藤といいます。佐藤一郎といいます。
王：私は王といいます。王強といいます。
佐藤：はじめまして、どうぞよろしくお願いします。
王：こちらこそよろしくお願いします。

哪国人 (nǎ guó rén) (国籍を尋ねる) どこの国の人、何人　　初次见面 (chūcì jiànmiàn) はじめまして
请多关照 (qǐng duō guānzhào) どうぞよろしく

2 紹介する

🎧 120

李: 他 是 谁？
Tā shì shéi?
ターシーシェイ

張: 我 来 介绍 一下。这 位 是 泽田 先生。
Wǒ lái jièshào yíxià. Zhè wèi shì Zétián xiānsheng.
ウオライ ジエシャオイィシア ヂョァウェイシー ヅァティエン シエンション

这 位 是 李 小姐。
Zhè wèi shì Lǐ xiǎojie.
ヂョァウェイシー リィ シアオジエ

李: 泽田 先生，您 好。
Zétián xiānsheng, nín hǎo.
ヅァティエン シエンション ニンハオ

澤田: 李 小姐，您 好。认识 您 很 高兴。
Lǐ xiǎojie, nín hǎo. Rènshi nín hěn gāoxìng.
リィ シアオジエ ニンハオ ロェンシ ニン ヘンガオシィン

李: 我 也 很 高兴。
Wǒ yě hěn gāoxìng.
ウオイエヘンガオシィン

澤田: 这 是 我 的 名片。
Zhè shì wǒ de míngpiàn.
ヂョァシー ウオダァ ミィンピエン

李: 谢谢。不好 意思，我 今天 没有 名片。
Xièxie. Bùhǎo yìsi, wǒ jīntiān méiyǒu míngpiàn.
シエシエ ブゥハオイィス ウオ ジンティエン メイヨウ ミィンピエン

澤田: 没 事儿，没 事儿。
Méi shìr, méi shìr.
メイシァル メイシァル

（訳）李　：彼は誰ですか。
　　　張　：私がちょっとご紹介しましょう。こちらは澤田さんで、こちらが李さんです。
　　　李　：澤田さん、こんにちは。
　　　澤田：李さん、こんにちは。お会いできてうれしいです。
　　　李　：私もうれしいです。
　　　澤田：これは私の名刺です。
　　　李　：ありがとうございます。すみません、私は今日、名刺を持っておりません。
　　　澤田：だいじょうぶですよ。

来 (lái) (動作の積極性を表す) ～してみる　　介绍 (jièshào) 紹介する　　位 (wèi) 尊敬する人物などを数える量詞
先生 (xiānsheng) (男性に対する敬称) ～さん　　小姐 (xiǎojie) (若い女性に対する呼称) おねえさん、～さん
认识 (rènshi) 見知る、面識がある　　高兴 (gāoxìng) うれしい　　名片 (míngpiàn) 名刺
不好意思 (bù hǎoyìsi) 恥ずかしい、きまりが悪い　　没事儿 (méi shìr) 何事もない

3 家族

🎵 121

你 家 在 哪儿？
Nǐ jiā zài nǎr?
ニィジア ヅァイ ナァール

我 家 在 大阪。
Wǒ jiā zài Dàbǎn.
ウオジア ヅァイ ダァバン

你 家 有 几 口 人？
Nǐ jiā yǒu jǐ kǒu rén?
ニィジア ヨウ ジィコウロェン

我 家 有 四 口 人。
Wǒ jiā yǒu sì kǒu rén.
ウオジア ヨウ スーコウロェン

你 家 都 有 什么 人？
Nǐ jiā dōu yǒu shénme rén?
ニィジア ドウヨウ シェンマロェン

有 爱人、两 个 女儿 和 我。
Yǒu àiren, liǎng ge nǚ'ér hé wǒ.
ヨウ アイロェン リアンガ ニュイアル ホァ ウオ

你 女儿 今年 多大 了？
Nǐ nǚ'ér jīnnián duōdà le?
ニィニュイアル ジンニエン ドゥオダァ ルア

姐姐 二十二 岁，妹妹 十九 岁。
Jiějie èrshí'èr suì, mèimei shíjiǔ suì.
ジェジェ アルシアルスゥイ メイメイ シージウスゥイ

（訳）あなた：あなたの家はどこにありますか。
　　　友だち：私の家は大阪にあります。
　　　あなた：あなたの家は何人家族ですか。
　　　友だち：私の家は4人家族です。
　　　あなた：どのような家族構成ですか。
　　　友だち：夫と娘2人、そして私です。
　　　あなた：あなたの娘さんは今年、おいくつになりますか。
　　　友だち：姉は22歳で、妹は19歳です。

大阪 (Dàbǎn) 大阪　　口 (kǒu) 家族などを数える量詞。〜人　　爱人 (àiren) 配偶者

138

4 タクシーに乗る

🎧 122

運転手: 到 哪儿？
Dào nǎr?
ダオ ナァール

あなた: 到 北京 大学。
Dào Běijīng dàxué.
ダオ ベイジィンダァシュエ

運転手: 好 的。
Hǎo de.
ハオドァ

あなた: 师傅，五 点 能 到 吗？
Shīfu, wǔ diǎn néng dào ma?
シーフ ウゥディエン ネゥンダオ マァ

運転手: 能 到！
Néng dào!
ネゥンダオ

・・・・・・・・・・・・・・・・・・・・・

あなた: 在 这儿 停车 吧。
Zài zhèr tíngchē ba.
ヅァイ ヂョアール ティンチョア バァ

運転手: 要 发票 吗？
Yào fāpiào ma?
ヤオ ファアピアオ マァ

あなた: 不要。
Búyào.
ブゥヤオ

運転手: 你 慢 走。
Nǐ màn zǒu.
ニィ マン マンヅォウ

(訳)
運転手：どちらまで行かれますか。
あなた：北京大学まで。
運転手：はい、わかりました。
あなた：すみません、5時までに着けますか。
運転手：着きます。
・・・・・・・・・・・・・
あなた：ここで止まってください。
運転手：領収書はいりますか。
あなた：いりません。
運転手：お気をつけて。

到 (dào) 着く　师傅 (shīfu) 運転手・職人などへの呼びかけ　在 (zài) ～で
停车 (tíngchē) 停車する　发票 (fāpiào) 領収書
慢走 (mànzǒu)（人を見送るときにかけることば）お気をつけて

139

5 バスに乗る

🎵 123

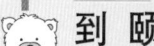

あなた：到 颐和园 吗？
Dào Yíhéyuán ma?
ダオ イィホァユエン マァ

乗務員：到。
Dào.
ダオ

あなた：要 换 车 吗？
Yào huàn chē ma?
ヤオ ホワンチョァ マァ

乗務員：不 用 换 车。你 快 上 车 吧。关！
Bú yòng huàn chē. Nǐ kuài shàng chē ba. Guān!
ブゥヨン ホワンチョァ ニィ クワイシャンチョァ バァ グワン

あなた：买 一 张。
Mǎi yì zhāng.
マイ イィヂァアン

乗務員：两 块。
Liǎng kuài.
リアンクワイ

あなた：到 颐和园 还 有 几 站？
Dào Yíhéyuán hái yǒu jǐ zhàn?
ダオ イィホァユエン ハイヨウ ジィヂァン

乗務員：还 有 四 站。
Hái yǒu sì zhàn.
ハイヨウ スーヂァン

(訳) あなた：頤和園にとまりますか。
乗務員：とまります。
あなた：乗り換えは必要ですか。
乗務員：必要ありません。はやく乗ってください。（運転手に対して）ドアを閉めて！
あなた：切符を1枚買います。
乗務員：2元です。
あなた：頤和園まであと何駅ありますか。
乗務員：あと4駅あります。

颐和园 (Yíhéyuán) 頤和園（北京） 换 (huàn) 乗り換える 不用 (búyòng) 〜しなくてよい
快 (kuài) はやく〜する 上 (shàng) 乗車する 关 (guān) 閉める 还 (hái) まだ、あと
站 (zhàn) 〜駅

6 ホテルで

🎵 124

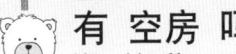

あなた: 有 空房 吗？
Yǒu kòngfáng ma?
ヨウ コォンファアン マァ

フロント: 有。您 几 位 客人？
Yǒu. Nín jǐ wèi kèren?
ヨウ ニン ジィウェイ クァロェン

あなた: 一 个 人。
Yí ge rén.
イィグァロェン

フロント: 住 几 天？
Zhù jǐ tiān?
ヂュウ ジィティエン

あなた: 住 两 天。
Zhù liǎng tiān.
ヂュウ リァンティエン

フロント: 好 的。一 天 三百, 行 吗？
Hǎo de. Yì tiān sānbǎi, xíng ma?
ハオドァ イィティエン サンバイ シィンマァ

あなた: 行, 行。
Xíng, xíng.
シィン シィン

フロント: 请 填 一下 卡。给 我 您 的 护照。
Qǐng tián yíxià kǎ. Gěi wǒ nín de hùzhào.
チィン ティエンイィシア カァ ゲイウオ ニンドァ ホゥヂャオ

（訳）あなた　：空室はありますか。
　　　フロント：あります。何名様ですか。
　　　あなた　：1人です。
　　　フロント：何泊されますか。
　　　あなた　：2泊です。
　　　フロント：はい。1泊300元です。よろしいですか。
　　　あなた　：いいですよ。
　　　フロント：カードをご記入ください。パスポートをお見せください。

空房 (kòngfáng) 空き部屋　　客人 (kèren) 客　　住 (zhù) 宿泊する　　行 (xíng) よろしい
请 (qǐng) どうぞ〜してください　　填 (tián) 記入する　　一下 (yíxià) ちょっと　　卡 (kǎ) カード
护照 (hùzhào) パスポート

7 両替する

🎧 125

あなた: 这儿 可以 换 钱 吗？
Zhèr kěyǐ huàn qián ma?
ヂョァール クァイィ ホワンチエン マァ

フロント: 可以。您 换 日元 吗？
Kěyǐ. Nín huàn Rìyuán ma?
クァイィ ニン ホワン リーユエン マァ

あなた: 对。
Duì.
ドゥイ

フロント: 换 多少？
Huàn duōshao?
ホワン ドゥオシャオ

あなた: 换 三 万 日元。
Huàn sān wàn Rìyuán.
ホワン サンワン リーユエン

フロント: 好 的。请 您 填 这 张 表。
Hǎo de. Qǐng nín tián zhè zhāng biǎo.
ハオドァ チンニン ティエン ヂョァヂァンビアオ

あなた: 填好 了。
Tiánhǎo le.
ティエンハオルァ

フロント: 一共 一千 八百 五十六 块 八 毛。请 点 一下。
Yígòng yìqiān bābǎi wǔshíliù kuài bā máo. Qǐng diǎn yíxià.
イゴォン イィチエン バァバイ ウゥシリウクワイ バァマオ チン ディエンイィシア

あなた: 没 错儿。
Méi cuòr.
メイツゥオール

(訳) あなた ：こちらで両替できますか。
フロント：できますよ。日本円を両替されますか。
あなた ：そうです。
フロント：いくら替えますか。
あなた ：3万円替えます。
フロント：はい。このカードにご記入願います。
あなた ：記入し終わりました。
フロント：全部で 1856.8 元です。お確かめください。
あなた ：間違いありません。

换钱 (huàn qián) 両替する　　表 (biǎo) 表　　～好了 (～hǎole) ちゃんと～する
一共 (yígòng) 全部で、合計で　　点 (diǎn) チェックする　　没错儿 (méi cuòr) 間違いない

142

8 レストランで ①

店員: 欢迎 光临。您 几 位？
Huānyíng guānglín. Nín jǐ wèi?
ホワンイィン グアンリン ニンジィウェイ

あなた: 两 个 人。
Liǎng ge rén.
リアングァロェン

店員: 这边 请。这 是 菜单。现在 点 菜 吗？
Zhèbiān qǐng. Zhè shì càidān. Xiànzài diǎn cài ma?
ヂョァビエンチィン ヂョァシーツァイダン シエンヅァイイ ディエンツァイ マァ

あなた: 点 菜。要 一 个 皮蛋 豆腐、回锅肉、
Diǎn cài. Yào yí ge pídàn dòufu、huíguōròu、
ディエンツァイ ヤオ イィグァ ピィダンドウフ ホウイグゥオロォウ

青椒 肉丝。再 来 两 瓶 青岛 啤酒。
qīngjiāo ròusī. Zài lái liǎng píng Qīngdǎo píjiǔ.
チィンジアオロォウスー ヅァイライ リアンピィン チィンダオビィジウ

店員: 好 的。还 要 别的 吗？
Hǎo de. Hái yào biéde ma?
ハオドァ ハイヤオビエドァ マァ

あなた: 不 要 了。
Bú yào le.
ブゥヤオルァ

店員: 好 的。请 稍候。
Hǎo de. Qǐng shāohòu.
ハオドァ チィンシャオホウ

（訳）店員　：いらっしゃいませ。何名様ですか。
　　　あなた：2人です。
　　　店員　：こちらへどうぞ。メニューです。今、ご注文されますか。
　　　あなた：注文します。ピータン豆腐1つとホイコーロー、チンジャオロースをください。
　　　　　　　あと青島ビールを2本ください。
　　　店員　：はい。ほかのものはいりますか。
　　　あなた：いりません。
　　　店員　：はい。少々お待ちください。

欢迎光临 (huānyíng guānglín) いらっしゃいませ　菜单 (càidān) メニュー
皮蛋豆腐 (pídàn dòufu) ピータン豆腐　回锅肉 (huíguōròu) ホイコーロー
青椒肉丝 (qīngjiāo ròusī) チンジャオロース　再 (zài) また、加えて
青岛啤酒 (Qīngdǎo píjiǔ) 青島ビール　稍候 (shāohòu) 少し待つ

9 レストランで ②

🔊 127

友だち: 味道 怎么样？
Wèidào zěnmeyàng?
ウェイダオ ヅェンマヤン

あなた: 很 好吃。
Hěn hǎochī.
ヘンハオチー

友だち: 合 你 的 口味 吗？
Hé nǐ de kǒuwèi ma?
ホァ ニィドァ コウウェイ マァ

あなた: 合口。都 很 满意。
Hékǒu. Dōu hěn mǎnyì.
ホァコウ ドウ ヘンマンイィ

友だち: 你 多 吃 点儿 吧。
Nǐ duō chī diǎnr ba.
ニィ ドゥオチーディアール バァ

あなた: 谢谢。
Xièxie.
シエシエ

友だち: 服务员，这个 撤掉 吧。再 来 一 碗 米饭。
Fúwùyuán, zhèige chèdiào ba. Zài lái yì wǎn mǐfàn.
フゥウゥユエン ヂェイグァ チョァディアオバァ ヅァイライ イィワンミィファン

快 点儿 上来。
Kuài diǎnr shànglai.
クワイディアール シャンライ

店員: 好的。
Hǎode.
ハオドァ

(訳) 友だち：味はどうですか。
あなた：おいしいです。
友だち：お口に合いますか。
あなた：口に合っておいしいです。とても満足してます。
友だち：たくさん食べてください。
あなた：ありがとう。
友だち：すみません。(空いた皿を指さして) これは片付けてください。あとご飯を１膳ください。早めに持ってきてください。
店員：わかりました。

味道 (wèidào) 味　怎么样 (zěnmeyàng) どうですか　合〜口味、合口 (hé〜kǒuwèi, hékǒu) 口に合う
满意 (mǎnyì) 満足である　多 (duō) 多めに〜する　(一) 点儿 ((yì)diǎnr) 少し
服务员 (fúwùyuán) 従業員、店員 (ここでは呼びかけ)　撤掉 (chèdiào) (食器など) 下げる、片付ける
上来 (shànglai) (料理を) 持ってくる、提供する

10 レストランで ③

🎵 128

友だち: 你 吃饱 了 吗？
Nǐ chībǎo le ma?
ニィ チーバオルァ マァ

あなた: 我 吃饱 了。
Wǒ chībǎo le.
ウオ チーバオルァ

友だち: 服务员，买单！这个 打 一下 包。
Fúwùyuán, mǎi dān! Zhèige dǎ yíxià bāo.
フゥウゥユエン マイダン ヂェイグァ ダァイシア バオ

店員: 好 的。一共 七十。
Hǎo de. Yígòng qīshí.
ハオドァ イィゴォン チィシー

友だち: 给 你 一百。
Gěi nǐ yìbǎi.
ゲイニィ イィバイ

店員: 找 您 三十。
Zhǎo nín sānshí.
ヂャオニン サンシー

友だち: 好，咱们 走 吧。
Hǎo, zánmen zǒu ba.
ハオ ザンメン ヅォウバァ

店員: 请 慢 走。欢迎 下次 光临！
Qǐng màn zǒu. Huānyíng xiàcì guānglín!
チィン マンヅォウ ホワンイィン シアツー グアンリン

(訳) 友だち：お腹いっぱいになりましたか。
あなた：お腹いっぱいです。
友だち：すみません。お会計をお願いします。これを持ち帰りで。
店員 ：はい。全部で 70 元です。
友だち：100 元お渡しします。
店員 ：30 元のおつりです。
友だち：よし、行きましょう。
店員 ：お気をつけて。またのご来店をお待ちしております。

吃饱 (chībǎo) 満腹になる　买单 (mǎidān) 勘定を支払う
打包 (dǎbāo) 残った食事などを持ち帰るために包む　找 (zhǎo) おつりを出す
咱们 (zánmen) (聞き手を含む) 私たち　走 (zǒu) (その場を) 離れる、行く　下次 (xiàcì) 次回

145

11 ショッピング① (スーパー・デパートで)

129

您 要 什么？
Nín yào shénme?
店員　ニン　ヤオ　シェンマ

我 要 绍兴酒。
Wǒ yào Shàoxīngjiǔ.
あなた　ウォ　ヤオ　シャオシィンジウ

酒 在 这儿。是 送人 的 吗？
Jiǔ zài zhèr. Shì sòngrén de ma?
店員　ジウザイ　ヂョアール　シー　ソォンロェン　ドァ　マァ

是。
Shì.
あなた　シー

还 要 别的 吗？
Hái yào biéde ma?
店員　ハイヤオビエドァ　マァ

茶叶 在 哪儿？
Cháyè zài nǎr?
あなた　チャアイエ　ヅァイ　ナァール

茶叶 在 这儿。
Cháyè zài zhèr.
店員　チャアイエ　ヅァイ　ヂョアール

谢谢。在 哪儿 付钱？
Xièxie. Zài nǎr fùqián?
あなた　シエシエ　ヅァイ　ナァール　フゥチエン

请 到 收款台 付钱。
Qǐng dào shōukuǎntái fùqián.
店員　チィンダオ　ショウクワンタイ　フゥチエン

（訳）店員：何をお求めですか。
　　　あなた：紹興酒がほしいのですが。
　　　店員：お酒はこちらです。贈答用ですか。
　　　あなた：そうです。
　　　店員：ほかのものはいりますか。
　　　あなた：お茶はどこにありますか。
　　　店員：お茶はこちらにございます。
　　　あなた：ありがとうございます。どこでお金を支払うのですか。
　　　店員：お会計のカウンターでお支払ください。

绍兴酒 (Shàoxīngjiǔ) 紹興酒　　送人 (sòngrén) 人に贈る　　茶叶 (cháyè) 茶葉
付钱 (fùqián) お金を払う　　付款台 (fùkuǎntái) 会計カウンター

12 ショッピング ②（個人商店で）

🎧 130

店主: 苹果，怎么样？
Píngguǒ, zěnmeyàng?
ピィングゥオ　ヅェンマヤン

あなた: 这个 苹果 甜 吗？
Zhèige píngguǒ tián ma?
ヂェイグァ ピィングゥオ ティエン マァ

店主: 非常 甜。这 是 山东 富士。
Fēicháng tián. Zhè shì Shāndōng Fùshì.
フェイチャアン ティエン　ヂョアシー　シャンドォンフゥシー

あなた: 多少 钱 一 斤？
Duōshao qián yì jīn?
ドゥオシャオチエン　イィジン

店主: 二十 块 一 斤。
Èrshí kuài yì jīn.
アルシークワイ　イィジン

あなた: 我 先 尝 一下，可以 吗？
Wǒ xiān cháng yíxià, kěyǐ ma?
ウオ　シエン　チャアンイィシア　クァイィマァ

店主: 您 尝 一下 吧。
Nín cháng yíxià ba.
ニン　チャアンイィシア　バァ

あなた: 嗯，真 好吃！又 甜 又 香。我 买 三 斤 吧。
Ng, zhēn hǎochī! Yòu tián yòu xiāng. Wǒ mǎi sān jīn ba.
ゥン　ヂェンハオチー　ヨウティエン　ヨウシアン　ウオマイ　サンジン　バァ

（訳）店主　：リンゴはいかがですか。
　　　あなた：このリンゴは甘いですか。
　　　店主　：非常に甘いです。これは山東省のふじリンゴです。
　　　あなた：（500グラムで）いくらですか。
　　　店主　：（500グラムで）20元です。
　　　あなた：先にちょっと味見してもいいですか。
　　　店主　：ちょっと味をみてください。
　　　あなた：うん、本当においしい。甘くて香りがいいです。1.5キロ買います。

甜 (tián) 甘い　　非常 (fēicháng) 非常に　　山东富士 (Shāndōng Fùshì) 山東省のふじりんご
斤 (jīn) 500グラム　　先 (xiān) まず、先に　　尝 (cháng) 味わう　　真 (zhēn) 本当に
又～又～ (yòu～yòu～) ～でもあり、～でもある　　香 (xiāng) 香りがよい

13 ショッピング ③（値切る）

🎧 131

店主: 您 买 什么？
Nín mǎi shénme?
ニン マイ シェンマ

あなた: 这个 多少 钱？
Zhèige duōshao qián?
ヂェイグァ ドゥオシャオチエン

店主: 大 的 一百。小 的 八十。
Dà de yìbǎi. Xiǎo de bāshí.
ダァドァ イィバイ シアオドァ バァシー

あなた: 太 贵 了！便宜 点儿 吧。
Tài guì le! Piányi diǎnr ba.
タイグゥイルテ ピエンイディアール バァ

店主: 要 大 的 吗？
Yào dà de ma?
ヤオ ダァドァ マァ

あなた: 我 要 大 的。
Wǒ yào dà de.
ウオ ヤオ ダァドァ

店主: 两 个 大 的 一百八，怎么样？
Liǎng ge dà de yìbǎibā, zěnmeyàng?
リアングァ ダァドァ イィバイバァ ヅェンマヤン

あなた: 好。我 买 两 个。
Hǎo. Wǒ mǎi liǎng ge.
ハオ ウオ マイ リアングァ

（訳）店主：何を買われますか。
　　　あなた：これはいくらですか。
　　　店主：大きいのが 100 元で、小さいのが 80 元です。
　　　あなた：値段が高すぎます。ちょっと安くしてください。
　　　店主：大きいのがほしいですか。
　　　あなた：大きいのがほしいです。
　　　店主：大きいの 2 つで 180 元ではどうですか。
　　　あなた：わかりました。2 個買います。

太～了 (tài~le) たいへん～すぎる　　便宜 (piányi) 安い

14 电话する

🎧 132

高木: 喂，是 建国 食品 公司 吗？
Wéi, shì Jiànguó shípǐn gōngsī ma?
ウェイ シー ジエングゥオ シーピン ゴォンスー マァ

社員: 是。您 找 谁？
Shì. Nín zhǎo shéi?
シー ニン ヂャオ シェイ

高木: 我 找 王 小春。
Wǒ zhǎo Wáng Xiǎochūn.
ウオ ヂャオ ワンシアオチュン

社員: 他 不 在。
Tā bú zài.
タァ ブゥヅァイ

高木: 那，我 打 他 的 手机。
Nà, wǒ dǎ tā de shǒujī.
ナァ ウオ ダァ タァ ドァ ショウジィ

社員: 好的。
Hǎode.
ハオドァ

・・・・・・・・・・・・・・・・・・・・・・・・・

メッセージ: 对不起，您 拨打 的 电话 无人 接听。
Duìbuqǐ, nín bōdǎ de diànhuà wúrén jiētīng.
ドゥイブチィ ニン ボォダァドァ ディエンホア ウゥロェン ジエティン

听到 嘟声 后，请 留言。
Tīngdào dūshēng hòu, qǐng liúyán.
ティンダオ ドゥーションホウ チィンリウイエン

高木: 小 王，我 是 高木。你 听到 留言，请 回 电 吧！
Xiǎo Wáng, wǒ shì Gāomù. Nǐ tīngdào liúyán, qǐng huí diàn ba!
シアオワン ウオ シー ガオムゥ ニィ ティンダオ リウイエン チィン ホゥイディエン バァ

(訳)
高木　：もしもし、建国食品会社さんですか。
社員　：そうです。どなたにご用でしょうか。
高木　：王小春さんをお願いします。
社員　：彼はいません。
高木　：では、彼の携帯に電話します。
社員　：わかりました。
・・・・・・・・・・・・・・・・・・・
メッセージ：申し訳ございません。おかけになった電話はどなたもお出になりません。ピーという発信音のあとにメッセージをどうぞ。
高木　：王くん、高木です。留守電を聞いたら折り返し電話をしてください。

喂 (wéi) もしもし　　找 (zhǎo) 探す　　拨打 (bōdǎ) ダイヤルを回す
无人接听 (wúrén jiētīng) 電話に出る人がいない　　嘟声 (dū shēng) ピーという音
留言 (liúyán) 伝言を残す　　回电 (huídiàn) 折り返し電話をする

149

15 道を尋ねる

🎧 133

あなた： 请问，到 邮局 怎么 走？
Qǐngwèn, dào yóujú zěnme zǒu?
チィンウェン ダオ ヨウジュィ ヅェンマヅォウ

通行人： 一直 走 就 到。
Yìzhí zǒu jiù dào.
イィヂーヅォウ ジウダオ

あなた： 走 这条 路，对 吗？
Zǒu zhèitiáo lù, duì ma?
ヅォウ ヂェイティアオルゥ ドゥイマァ

通行人： 对。就 在 大连 饭店 对面。
Duì. Jiù zài Dàlián fàndiàn duìmiàn.
ドゥイ ジウヅァイ ダァリエンファンディエン ドゥイミエン

あなた： 远 吗？
Yuǎn ma?
ユエン マァ

通行人： 不 远。走 五 分钟 就 到。
Bù yuǎn. Zǒu wǔ fēnzhōng jiù dào.
ブゥユエン ヅォウ ウゥフェンヂォン ジウダオ

あなた： 谢谢。
Xièxie.
シエシエ

通行人： 不 客气。
Bú kèqi.
ブゥクァーチ

（訳）あなた：おたずねしますが、郵便局にはどのように行くのでしょうか。
　　　通行人：まっすぐ行けばすぐ着きます。
　　　あなた：この道を行けばいいのですか。
　　　通行人：そうです。大連ホテルの向いです。
　　　あなた：遠いですか。
　　　通行人：遠くありません。5分行けば着きます。
　　　あなた：ありがとうございます。
　　　通行人：どういたしまして。

怎么 (zěnme) どのように　　一直 (yìzhí) まっすぐ　　就 (jiù) すぐに、まさに
条 (tiáo) 道を数える量詞、~本

150

16 体調が悪い

🎧 134

友だち: 你 怎么 了？
Nǐ zěnme le?
ニィ ヅェンマルァ

あなた: 身体 不 舒服。
Shēntǐ bù shūfu.
シェンティ ブシュウフ

友だち: 哪儿 不 舒服？
Nǎr bù shūfu?
ナァール ブシュウフ

あなた: 全身 没 劲儿。
Quánshēn méi jìnr.
チュエンシェンメイジィァール

友だち: 发烧 吗？
Fāshāo ma?
ファアシャオマァ

あなた: 不 发烧。不过 我 头疼。
Bù fāshāo. Búguò wǒ tóuténg.
ブゥファアシャオ ブゥグゥオ ウオ トウテゥン

友だち: 吃 药 了 吗？
Chī yào le ma?
チー ヤオ ルァ マァ

あなた: 吃 了。
Chī le.
チールァ

友だち: 那 你 好好儿 休息 吧。
Nà nǐ hǎohāor xiūxi ba.
ナァ ニィ ハオハォール シウシ バァ

(訳)
友だち：どうしたのですか。
あなた：体が調子良くなくて。
友だち：どこが調子すぐれないのですか。
あなた：全身がだるいのです。
友だち：熱はありますか。
あなた：熱はありませんが、頭が痛いです。
友だち：薬はのみましたか。
あなた：のみました。
友だち：じゃあちゃんと休んでください。

怎么 (zěnme) どうですか　　身体 (shēntǐ) 体　　舒服 (shūfu) 気持ちいい　　全身 (quánshēn) 全身
没劲儿 (méi jìnr) 力がない、元気がない　　发烧 (fāshāo) 発熱する　　头疼 (tóuténg) 頭が痛い
吃药 (chīyào) 薬をのむ　　好好儿 (hǎohāor) ちゃんと、しっかり〜する　　休息 (xiūxi) 休む

151

17 打ち合わせの時刻

あなた: 今天 的 会议 几 点 开始？
Jīntiān de huìyì jǐ diǎn kāishǐ?
ジンティエンドァ ホウイィィ ジィディエン カイシー

同僚: 三 点 开始。
Sān diǎn kāishǐ.
サンディエン カイシー

あなた: 你 几 点 出发？
Nǐ jǐ diǎn chūfā?
ニィ ジィディエン チュウファア

同僚: 两 点 出发。
Liǎng diǎn chūfā.
リアンディエン チュウファア

あなた: 你们 在 哪儿 开会？
Nǐmen zài nǎr kāihuì?
ニィメン ヅァイ ナァール カイホゥイ

同僚: 在 西安 大楼 开会。
Zài Xī'ān dàlóu kāihuì.
ヅァイ シィアンダァロウ カイホゥイ

あなた: 大概 几 点 结束？
Dàgài jǐ diǎn jiéshù?
ダァガイ ジィディエン ジエシュウ

同僚: 四 点 左右 吧。
Sì diǎn zuǒyòu ba.
スーディエン ヅゥオヨウ バァ

あなた: 你 辛苦 了。
Nǐ xīnkǔ le.
ニィ シンクゥルァ

(訳) あなた：今日の会議は何時に始まりますか。
　　　同僚　：3時に始まります。
　　　あなた：あなたは何時に出発しますか。
　　　同僚　：2時に出発します。
　　　あなた：どこで会議があるのですか。
　　　同僚　：西安ビルで会議があります。
　　　あなた：大体何時に終わるのですか。
　　　同僚　：4時頃でしょう。
　　　あなた：ご苦労様です。

会议 (huìyì) 会議　　开始 (kāishǐ) 開始する　　出发 (chūfā) 出発する
开会 (kāihuì) 会議を開く　　大楼 (dàlóu) ビル　　结束 (jiéshù) 終了する
左右 (zuǒyòu) 〜くらい　　辛苦了 (xīnkǔ le) お疲れ様です

18 観光地で

今天 天气 真 好。
Jīntiān tiānqì zhēn hǎo.

这儿 的 风景 真 美 啊。
Zhèr de fēngjǐng zhēn měi a.

咱们 拍 一 张 合影 吧。
Zánmen pāi yì zhāng héyǐng ba.

这儿 可以 照相 吗？
Zhèr kěyǐ zhàoxiàng ma?

行，行。
Xíng, xíng.

麻烦 你，请 帮 我 按 一下。
Máfan nǐ, qǐng bāng wǒ àn yíxià.

你们 靠近 点儿。好 了。照 了 啊！一、二、三、茄子！
Nǐmen kàojìn diǎnr. Hǎo le. Zhào le a! Yī、èr、sān、qiézi!

谢谢 你 啊。
Xièxie nǐ a.

不 谢。
Bú xiè.

(訳) 友だち：今日は天気が本当にいいですね。
あなた：ここの景色は本当に美しいです。
友だち：私たちはここで一緒に写真を撮りましょう。
あなた：ここは写真を撮ってもいいのですか。
友だち：大丈夫です。
あなた：(通行人に声をかけ) すみません。シャッターを押していただけませんか。
・・・・・・・・・・・・・・
通行人：もっと近づいてください。いいですよ。撮ります。1、2、3、チーズ。
あなた：ありがとうございます。
通行人：どういたしまして。

风景 (fēngjǐng) 風景　　合影 (héyǐng) 集合写真　　照相 (zhàoxiàng) 写真を撮る
帮 (bāng) 助ける、手伝う　　按 (àn) ボタンを押す　　靠近 (kàojìn) 近づく
照了 (zhàole) (写真撮影時のかけ声) 撮りますよ　　茄子 (qiézi) (写真撮影時のかけ声) チーズ

153

19 プチ交流 ①（中国語学習）

🎵 137

中国人: 你 会 说 汉语 吗？
Nǐ huì shuō Hànyǔ ma?
ニィ ホゥイシュオ ハンユィ マァ

あなた: 我 会 说 一点儿。
Wǒ huì shuō yìdiǎnr.
ウオ ホゥイシュオ イィディアール

中国人: 你 学了 几 年 汉语 了？
Nǐ xuéle jǐ nián Hànyǔ le?
ニィ シュエルァ ジィニエン ハンユィ ルァ

あなた: 我 学了 两 年 了。
Wǒ xuéle liǎng nián le.
ウオ シュエルァ リアンニエン ルァ

中国人: 你的 汉语 真 不错！
Nǐ de Hànyǔ zhēn búcuò!
ニィドァ ハンユィ ヂェン ブゥツゥオ

あなた: 哪里 哪里。
Nǎli nǎli.
ナァーリナァーリ

中国人: 发音 也 很 好。
Fāyīn yě hěn hǎo.
ファアイン イエ ヘンハオ

あなた: 过奖，过奖。
Guòjiǎng, guòjiǎng.
グゥオジアン グゥオジアン

（訳）中国人：あなたは中国語が話せますか。
　　　あなた：私は少し話せます。
　　　中国人：あなたは中国語を何年間学んでいるのですか。
　　　あなた：私は2年間学んでいます。
　　　中国人：あなたの中国語は本当によいですね。
　　　あなた：いえいえ、とんでもない。
　　　中国人：発音もよいですね。
　　　あなた：ほめすぎですよ。

会 (huì) ～することができる　　不错 (búcuò) よい　　哪里 (nǎli) どういたしまして
发音 (fāyīn) 発音　　过奖 (guòjiǎng) ほめすぎである

154

20 プチ交流 ② （お誘い）

🎧 138

友だち: 明天 晚上 有 空儿 吗？
Míngtiān wǎnshang yǒu kòngr ma?

あなた: 有 空儿。有 什么 事儿？
Yǒu kòngr. Yǒu shénme shìr?

友だち: 咱们 一起 去 唱 卡拉OK，怎么样？
Zánmen yìqǐ qù chàng kǎlā-OK, zěnmeyàng?

あなた: 那 太 好 了。咱们 两个人 去 吗？
Nà tài hǎo le. Zánmen liǎng ge rén qù ma?

友だち: 不，小李 也 去。
Bù, xiǎo Lǐ yě qù.

あなた: 那 真 好。
Nà zhēn hǎo.

友だち: 明天 晚上 六 点 在 银行 前面 见 面 吧。
Míngtiān wǎnshang liù diǎn zài yínháng qiánmian jiàn miàn ba.

あなた: 没 问题。那 就 这样。
Méi wèntí. Nà jiù zhèyàng.

友だち: 好 的。不 见 不 散。
Hǎo de. Bú jiàn bú sàn.

（訳）
友だち：明日の夜、ひまがありますか。
あなた：あります。何か用事があるのですか。
友だち：私達一緒にカラオケをしに行くのはどうですか。
あなた：それはいいですね。2人で行くのですか
友だち：いや、李さんも行きます。
あなた：本当にいいですね。
友だち：明日の夜6時に銀行の前で会いましょう。
あなた：大丈夫です。ではそういうことで。
友だち：はい。必ずお会いしましょう。

小～（xiǎo～）（目下や同年代の人の姓などにつけて親しみを表す）～くん、～さん
没问题（méi wèntí）問題ない 　 不见不散（bújiàn búsàn）必ず会う（＝会わなければ解散しない）

155

単語帳

A

| àiren 爱人 配偶者 | 138 |

B

bàba 爸爸 父さん・パパ	31
bàn 半 30分	46
bàngōngshì 办公室 事務室	108
bàogào 报告 レポート	125
bàozhǐ 报纸 新聞	127
bēi 杯 ～杯	50
Běijīng 北京 北京	64
běn 本 ～冊	50
bǐ 笔 ペン	86
biéde 别的	85
bù 不 ～でない	25、58

C

cài 菜 料理、おかず	111
cèsuǒ 厕所 トイレ	103
chá 茶 お茶	78
Chángchéng 长城 万里の長城	124
chāoshì 超市 スーパー	105
chǎofàn 炒饭 チャーハン	68
chē 车	60
chēzhàn 车站 駅	67
chènshān 衬衫 シャツ	80
chī 吃 食べる	60
chōuyān 抽烟 タバコを吸う	131
chūfā 出发 出発する	152
chuān 穿 着る	123
cídiǎn 词典 辞書	53

D

dǎ diànhuà 打电话 電話をかける	121
dàxué 大学 大学	105
dào 到 着く	139
de 的 ～の	52
dìdi 弟弟 弟	31
dìtú 地图 地図	126
diǎn 点 時	45
diǎn cài 点菜 料理を注文する	121
diǎnxin 点心 お菓子、点心	101
diànnǎo 电脑 パソコン	61
diànshì 电视 テレビ	62
diànyǐng 电影 映画	96
dōu 都 みな、すべて	22、74
duō 多 多い	22
duōdà 多大 何歳ですか	42
duōshao 多少 どのくらい	47、142、147、148

E

| érzi 儿子 息子 | 31 |

F

fāyīn 发音 発音	154
fānyì 翻译 通訳	69
fàn 饭 ごはん	60
fàndiàn 饭店 ホテル	103
fángjiān 房间 部屋	48
fēicháng 非常 非常に	147
fēn 分 (時間の単位)	45
fúwùyuán 服务员 従業員、店員	144
fùmǔ 父母 両親	19
fùqián 付钱 お金を支払う	146
fùqin 父亲 父	31

G

gāoxìng 高兴 うれしい、たのしい	137
gēge 哥哥 兄	31
ge 个 「～個」など数量を表す	49
gěi 给 (人)にあげる、渡す	126
gōngsī 公司 会社	53

gōngyuán 公园 公園		109
Gùgōng 故宫 故宮		95

H

háizi 孩子 こども		31
Hànyǔ 汉语 中国語		53、67
hǎochī 好吃 おいしい		64
hǎo de 好的 承諾を表す。はい。いいですよ。		129
hào 号 ～日		43
hàomǎ 号码 番号		48
hē 喝 飲む		60
hé 和 ～と		14
hěn 很 とても		64
hùzhào 护照 パスポート		48、141
huànqián 换钱 両替する		97、142
huíjiā 回家 帰宅する		73
huì 会 ～することができる		154

J

jīchǎng 机场 空港		69
jǐ 几 いくつ		44、70
jiā 家 家		14、105
jiàn 件 ～着、～枚		51
jiǎo 角 角		47
jiǎozi 饺子 餃子		95
jiào 叫 ～という名前である		41
jiějie 姐姐 姉		31
jīnnián 今年 今年		36
jīntiān 今天 今日		35
jiǔ 酒 お酒		60

K

kǎ 卡 カード		141
kàn 看 見る、読む		62
kāfēi 咖啡 コーヒー		61
kāishǐ 开始 開始する		152
kěyǐ 可以 許可を表す。～してよい		130
kè 刻 15分		46
kèběn 课本 テキスト		88
kèren 客人 客		141
kòngr 空儿 空いた時間や場所		93
kǒu 口 家族などを数える量詞		138
kùzi 裤子 ズボン		51
kuài 块 元		47
kuàizi 筷子 お箸		93

L

là 辣 からい		117
lái 来 来る		60
lǎoshī 老师 先生		11、53
lèi 累 疲れる		66
lǐbianr 里边儿 なか		38
li 里 なか		37
liǎng 两 2		45
língqián 零钱 小銭		93
liúxuéshēng 留学生 留学生		58

M

māma 妈妈 母さん・ママ		31
ma 吗 ～ですか		54
mǎi 买 買う		60
mǎidān 买单 勘定を支払う		145
máng 忙 忙しい		65
máo 毛 角		47
méi(yǒu) 没(有) ない、持ってない、～しなかった、していない		90、122
Měiguó 美国 アメリカ		109
Měiyuán 美元 米ドル		47
mèimei 妹妹 妹		31
mǐfàn 米饭 ライス、ごはん		83
míngnián 明年 来年		36
míngtiān 明天 明日		35
míngzi 名字 名前		41
mǔqin 母亲 母		31

N

nǎguórén 哪国人 どこの国の人、何人		136

157

nǎr 哪儿 どこ	37、68	
nà 那 それ、あれ	81	
nàr 那儿 そこ、あそこ	37	
nán 难 難しい	67	
nèige 那个 それ、あれ	81	
nǐ 你 あなた	30	
nǐmen 你们 あなたたち	30	
nián 年 年	43	
niánqīng 年轻 若い	24	
nín 您 あなた(丁寧・敬称)	30	
nǚ'ér 女儿 娘	31	
nǚpéngyou 女朋友 ガールフレンド	81	

O

Ōuyuán 欧元 ユーロ	47

P

pángbiānr 旁边儿 そば	38
péngyou 朋友 友達	81、125
píjiǔ 啤酒 ビール	51
piányi 便宜 安い	148
piào 票 チケット	50
piàoliang 漂亮 美しい	121
píng 瓶 〜本	51

Q

qián 钱 お金	47
qǐng 请 どうぞ〜してください	141
qù 去 行く	60
qùnián 去年 去年	36

R

rè 热 暑い	65
rén 人 人	49
Rénmínbì 人民币 人民元	47
rènshi 认识 見知る、面識がある	137
Rìběn 日本 日本	60
Rìběnrén 日本人 日本人	54
Rìyuán 日元 日本円	47

S

shàngbān 上班 出勤する	73
shàngge xīngqī 上个星期 先週	35
shàngge yuè 上个月 先月	36
Shànghǎi 上海 上海	65
shàngkè 上课 授業を受ける	125
shàngwǎng 上网 インターネットをする	110
shàngwǔ 上午 午前	34
shang 上 うえ	37
shéi 谁 誰	68
shénme 什么 なに、何の	41、68
shíjiān 时间 時間	129
shítáng 食堂 食堂	109
shì 是 です、である	56
shì(r) 事(儿) 用事	93
shǒujī 手机 携帯電話	48、87
shū 书 本	50
shuǐ 水 お水	51
shuǐguǒ 水果 果物	97
shuìjiào 睡觉 寝る	97
shuō 说 話す	93
suì 岁 〜歳	42
suìshu 岁数 年齢、歳	42

T

tā 他 彼	30
tā 她 彼女	30
tāmen 他们 彼ら	30
tāmen 她们 彼女たち	30
tiáo 条 ズボンなど下にはくものを数える量詞	51

W

wǎnshang 晚上 夜	34
wèi 位 尊敬する人物などを数える量詞	137
wèidào 味道 味	144
wèntí 问题 問題、質問	49、93
wǒ 我 私	30

wǒmen 我们 私たち	30	
wǔfàn 午饭 昼食	100	

X

xǐhuan 喜欢 好きである	110
xiàge xīngqī 下个星期 来週	35
xiàge yuè 下个月 来月	36
xiàwǔ 下午 午後	34
xia 下 した	37
xiànzài 现在 今、現在	45
xiǎng 想 〜したい	94
xiǎoshuō 小说 小説	112
xiě 写 書く	125
xīngqī'èr 星期二 火曜日	44
xīngqīliù 星期六 土曜日	44
xīngqīrì 星期日 日曜日	44
xīngqīsān 星期三 水曜日	44
xīngqīsì 星期四 木曜日	44
xīngqītiān 星期天 日曜日	44
xīngqīwǔ 星期五 金曜日	44
xīngqīyī 星期一 月曜日	44
xìng 姓 〜という姓である	41
xiūxi 休息 休む	133
xué 学 学ぶ	60
xuésheng 学生 学生	57
xuéxiào 学校 学校	63

Y

yào 要 ほしい、いる	54、78
yě 也 〜も	74
yīyuàn 医院 病院	101
yígòng 一共 合計で、全部で	25、142
yíxià 一下 ちょっと	141
yóujú 邮局 郵便局	107
yǒu 有 ある、持っている	86
yuǎn 远 遠い	67
yuè 月 〜月	43
yùndòng 运动 運動	117

Z

zázhì 杂志 雑誌	50
zài 在 〜にいる・ある、〜で	102、139
zài 再 再び、また	93、143
zǎofàn 早饭 朝食	119
zǎoshang 早上 朝	34
zěnmeyàng 怎么样 どうですか、いかがですか	144
zhāng 张 〜枚	50
zhàopiàn 照片 写真	50、97
zhàoxiàng 照相 写真を撮る	153
zhè 这 これ	59
zhège xīngqī 这个星期 今週	35
zhè(ge) yuè 这(个)月 今月	36
zhèige 这个 これ	75
zhèr 这儿 ここ	37
zhēn 真 本当に	147
Zhōngguó 中国 中国	53
Zhōngguórén 中国人 中国人	57
zhōngwǔ 中午 正午	34
zhù 住 宿泊する、住む	141
zhuōzi 桌子 机	38
zǒu 走 離れる、行く	145
zuótiān 昨天 昨日	35
zuò 做 する、作る	115
zuò 坐 乗る、座る	117
zuòyè 作业 宿題	123

159

● 著者紹介 ●

南雲 大悟（なぐも だいご）
1974 年生。千葉大学大学院博士後期課程単位取得満期退学。
2000 年～2001 年、北京留学。現在、立教大学他講師。

はじめての超カンタンおしゃべり中国語 CD-ROM1 枚付

2014 年 7 月 30 日　初版 1 刷発行
2016 年 5 月 25 日　初版 2 刷発行

著者	南雲 大悟
装丁・本文デザイン	⬚ die
イラスト	ヨム ソネ
ナレーション	翟 啓麗／福田 奈央
DTP・印刷・製本	音羽印刷株式会社
CD-ROM 制作	株式会社中録新社
発行	株式会社 駿河台出版社
	〒101-0062 東京都千代田区神田駿河台 3-7
	TEL 03-3291-1676 / FAX 03-3291-1675
	http://www.e-surugadai.com
発行人	井田 洋二

許可なしに転載、複製することを禁じます。落丁本、乱丁本はお取り替えいたします。

© DAIGO NAGUMO 2014　Printed in Japan
ISBN 978-4-411-03092-4　C0087